Alice Vollenweider
ASCHENBRÖDELS KÜCHE

Illustrationen von Anna Sommer

Limmat Verlag
Zürich

«Aschenbrödels Küche» erschien erstmals 1971 und
wurde für diese Ausgabe überarbeitet.

Im Internet
Informationen zu Autorinnen und Autoren
Materialien zu Büchern
Hinweise auf Veranstaltungen
Schreiben Sie uns Ihre Meinung zu diesem Buch
www.limmatverlag.ch

Umschlagillustration von Anna Sommer

Typographie und Umschlaggestaltung von Trix Krebs

© 2005 by Limmat Verlag, Zürich
ISBN 3 85791 485 8

INHALT

VORWORT	7
AUBERGINEN ALLA PARMIGIANA	11
BOHNENSALAT	13
BOHNENSUPPE MIT TEIGWAREN	16
BUSECCA	17
CATALOGNA	20
CHICORÉE	24
CHICORÉESALAT	24
GEDÄMPFTE CHICORÉE	26
DORSCHFILETS	26
DORSCHFILETS MIT ZWIEBELN UND TOMATEN	27
DORSCHFILETS MIT SPECK UND RAHM	28
ERDBEER-RUMTOPF	29
FLEISCHBRÜHE UND SIEDFLEISCH	32
BEILAGEN ZU FLEISCHBRÜHE UND SIEDFLEISCH	35
SALSA VERDE	36
SALAT VON ZUCCHETTI UND KAROTTEN	37
MARINIERTES SIEDFLEISCH	38
FORELLENSÜLZE	40
FRÜHLINGSSUPPE	42
GEFÜLLTE PEPERONI	44
GEFÜLLTE SOMMERGEMÜSE	47
GNOCCHI FRITTI	49
HACKBRATEN	51
HÜHNERLEBER NACH JÜDISCHER ART	58
KALBSRAGOUT	60
KATALANISCHER SALAT	63
KNOBLAUCHSUPPE	65
KUTTELN ALLA NAPOLETANA	66
LAUCH MIT VINAIGRETTE	70
LINSENSUPPE	72
ORANGEN- UND ZITRONENSALAT	75

OSSOBUCO NACH MAILÄNDERART	77
PANIERTE AUBERGINEN	80
PIEMONTESER RINDFLEISCH	82
PILZRAGOUT	84
QUAGLIE	86
QUITTENGELEE	88
RINDSPLÄTZCHEN IM SAFT	90
RISOTTO MIT STEINPILZEN	92
SARDELLENBRATEN	97
SCHMORBRATEN	99
SCHOKOLADE-SOUFFLÉ	102
SCHWEINSLEBER	105
SENFGURKEN	106
SPAGHETTI	109
SPAGHETTI MIT TOMATENSAUCE	110
SPAGHETTI MIT HACKFLEISCHSAUCE	112
SPAGHETTI AL PESTO	114
SPAGHETTI ALLA CARBONARA	115
SPAGHETTI MIT KNOBLAUCH	116
SPINAT NACH MISOXERART	120
SUPPENHUHN UND HUHNSALAT	122
HUHNSALAT MIT EINEM HAUCH VON EXOTIK	124
UNGARISCHES GULASCH	124
VORSPEISEN	127
TOMATEN MIT THONFÜLLUNG	128
SCHINKENROLLEN MIT MEERRETTICHFÜLLUNG	129
WINNETOUS TOD	130
ZUCCHETTI UND PEPERONI ALS EINFACHES GEMÜSE	132
PEPERONIGEMÜSE	133
ZUCCHETTIGEMÜSE	134
ZUCCHETTIGRATIN	135
ZWIEBELGEMÜSE	137

VORWORT

Das ist ja ein Sparkochbuch, sagte ein Freund, dem ich das Inhaltsverzeichnis zeigte. Man findet in deiner Rezeptsammlung keine Steaks, Rebhühner oder Hummer, dafür Hackbraten, Linsen und Kutteln. Das hat mich erstaunt, weil ich beim Kochen nicht an die Ausgaben denke, sondern in erster Linie darauf achte, dass Salat und Gemüse frisch sind, die Früchte aromatisch und das Fleisch von guter Qualität. Und den Käse kaufe ich bei einem Fachmann, der mich berät und mir von sich aus eine Kostprobe anbietet. Im Übrigen finde ich es sinnlos, zu Hause die Restaurant-Küche nachzuahmen und Jakobsmuscheln mit Orangenbutter oder Mousse von Entenleber zu kochen, die einem Chefkoch besser gelingen. Mich langweilt auch das Hollywood der Küche, das manche Kochpublikationen ihren Leserinnen und Lesern mit farbigen Glanzfotos vorführen. Die hier gesammelten Rezepte sind Alltagsrezepte. Ich habe sie alphabetisch geordnet: dabei ist ein unvollendetes ABC entstanden, dem eine kurze Leseanleitung vorausgeschickt sei.

    Einfache Rezepte verlangen viel Sorgfalt. Die Beschreibungen sind deshalb genau und ausführlich.

Das hat den Vorteil, dass sie auch dem Anfänger in der Küche nützlich sind. Ich habe versucht, Küchenlatein zu vermeiden, und brauche darum kein Fachwörterverzeichnis. Was aber für das ganze Buch gilt: wenn von Pfeffer die Rede ist, so meine ich frisch in der Mühle gemahlenen Pfeffer, und unter Parmesan verstehe ich frisch geriebenen Parmesankäse. Beim Würzen sollte man lieber zu vorsichtig sein. Das Angebot an Gewürzen und Kräutern, das man heute in Supermärkten und anderen Läden findet, verführt dazu, ein Zuviel dieser Zutaten mit Raffinement zu verwechseln. Der Eigengeschmack einer Speise soll durch das Würzen verstärkt oder ergänzt, nicht zerstört werden. Wer kocht, muss alles, was verwendet wird, aufmerksam prüfen und wissen, dass frische Produkte keinen Standardgeschmack haben, dass Gemüse, Kräuter, Fleisch und Fische im Frühling anders schmecken als im Herbst.

Mein Vorbild war Aschenbrödel, das beim Linsenerlesen zu den Vögeln sagte: «... die guten ins Töpfchen, die schlechten ins Kröpfchen» und damit zeigte, was für ein feines Gefühl es für die Qualität der einfachsten Speise hatte.

Wenn ich bedenke, dass ich die Rezepte dieses Kochbuchs Ende der sechziger Jahre geschrieben habe — «Aschenbrödels Küche» ist 1971 zum ersten

Mal erschienen –, bin ich überrascht, wie gut sie sich gehalten haben, trotz allen wirtschaftlichen, politischen und kulturellen Veränderungen. Ich brauchte kaum etwas zu ändern, höchstens darauf hinzuweisen, dass man heutzutage Kutteln oder Hühnerleber beim Metzger im Voraus bestellen muss.

Das liegt sicher daran, dass ich mich auf Alltagsrezepte beschränkt habe, die zwar aus verschiedenen Ländern stammen, aber noch heute gleich gekocht werden wie vor vierzig Jahren, wahrscheinlich auch wie vor hundert Jahren. Denn was gibt es schon an so vollkommenen Speisen wie Risotto, Siedfleisch, Spaghetti alla carbonara neu zu erfinden, was abzuändern an Quittengelee oder Senfgurken?

Man sollte nie vergessen, dass das Kochen immer eine konservative Kunst war. Im besten Wortsinn. Eine Kunst, deren Ziel es ist, die Gesundheit der Menschen zu bewahren, indem sie ihnen gesunde und schmackhafte Speisen vorsetzt. Speisen, die nicht kostspielig sind und auch nicht kompliziert, damit sie alle herstellen können. So hilft die Kochkunst den Menschen, die Aufgaben der Zukunft zu bewältigen.

Alice Vollenweider

PS: In diesem Kochbuch gibt es eine Reihe von helvetischen Kochausdrücken, die außerhalb der Schweiz nicht üblich sind; das Kochen ist eben eine häusliche Tätigkeit, bei der sich der regionale Wortschatz besser erhalten hat als in anderen Lebensbereichen. So bedeutet Wirz Wirsingkohl, Thon Thunfisch, Egli Barsch, Rindsmus Rinderhaxe, Rindsplätzchen Rinderschnitzel, Huft Lende, Schalenkartoffeln Pellkartoffeln und Dünkli geröstete Brotscheiben.

AUBERGINEN ALLA PARMIGIANA

In italienischer Sprache heißt dieses Gericht «Melanzane alla parmigiana», also Auberginen, so wie man sie in Parma zubereitet. Das ist aber, wie mir meine oberitalienischen Freunde versichern, ein Irrtum, der beinahe so weit verbreitet ist wie diese köstliche Gratinspeise, die aus Süditalien stammt, genau wie der Mozzarella-Käse, den man zu ihrer Zubereitung braucht. Aus Parma kommt nur der Käse, den man am Ende der Zubereitung in die Gratinform reibt, damit eine schöne goldbraune Kruste entstehen kann.

Das Rezept mutet auf den ersten Blick vielleicht etwas kompliziert an; es verlangt auch einen ziemlich großen Zeitaufwand. Der Dreiklang von Gemüse, Tomatensauce und Käse, auf dem es beruht, ist aber im Grund so schlicht und harmonisch, dass sich die Mühe lohnt.

Für vier Personen braucht man
4 mittlere Auberginen
Olivenöl
wenig Origano
1 mittlere Dose gehackte oder geschälte Tomaten
1–2 Knoblauchzehen
reichlich Basilikumblätter

1 Prise Muskatnuss
300 g Mozzarella (di bufala), in Würfelchen geschnitten
2–3 Prisen gemahlener roter Peperoncino
30 g frisch geriebener Parmesan

Man schneidet die Auberginen der Länge nach in dünne Scheiben, die man im heißen Olivenöl auf beiden Seiten goldbraun anbrät und dann auf Küchenpapier abtropfen lässt. Die Tomaten lässt man in einem Sieb abtropfen, zerdrückt sie mit einer Gabel und würzt sie mit Salz, Pfeffer und Knoblauchsaft.

Man bedeckt den Boden einer geölten Gratinform mit einer Schicht Auberginen, gibt die Hälfte der Tomaten darüber, bestreut mit Origano und Peperoncino und viel grob zerzupftem Basilikum. Dann kommt eine Schicht Mozzarellawürfel, Salz und Pfeffer, nochmals Basilikumblätter und dann von neuem Auberginen, Origano und Peperoncino, Mozzarella und zum Abschluss Tomaten und eine dünne Schicht geriebener Parmesan. Man lässt die Gratinform ein bis zwei Stunden bei Zimmertemperatur stehen, damit sich die verschiedenen Schichten miteinander befreunden können. Erst dann gibt man den Auflauf für eine halbe Stunde in den auf hundertsiebzig Grad vorgeheizten Backofen. Vor dem Essen lässt man ihn ein wenig abkühlen.

In Italien wird dieses Gericht als Vorspeise oder als Beilage zu Fleisch serviert. Für mich ist es zusammen mit einem gemischten Salat eine der besten Sommermahlzeiten, die ich kenne.

BOHNENSALAT

Damit meine ich nicht Salat von grünen, sondern Salat von weißen Bohnen: ein delikates und nahrhaftes Gericht, dessen Zutaten man das ganze Jahr hindurch vorrätig haben kann. Ich verwende dazu nicht die bei uns vor allem bekannten kleinen weißen «Böhnli», sondern die größeren «spanischen Bohnen», die man in Frankreich «Haricots de Soissons» nennt. Den schönsten und treffendsten Namen haben sie jedoch in Italien: «Fagioli della regina» – Königinnen-Bohnen.

Die Ansichten darüber, wie man sie kochen muß, variieren von Hausfrau zu Hausfrau und von Kochbuch zu Kochbuch: sie werden eingeweicht oder nicht eingeweicht, am Anfang oder am Ende gesalzen, mit heißem oder kaltem Wasser aufgesetzt – jede Variante hat ihre Anhänger. Wenn ich jetzt meine

Methode beschreibe, so ohne jeden Anspruch auf Allgemeingültigkeit; ich bin überzeugt, dass es auch anders geht. Nur in einem Punkt bin ich kategorisch: man darf sie nicht im Dampfkochtopf kochen. Erstens, weil die Kochzeit von Sorte zu Sorte variiert und nur beim langsamen Kochen richtig festgestellt werden kann. Zweitens, weil ich die Bohnen nicht einfach im Salzwasser, sondern zusammen mit aromatischen Zutaten koche, deren Geschmack sie in der kurzen Dampfkochzeit nicht annehmen können.

Die Bohnen werden gewaschen, verlesen und über Nacht in kaltem Wasser eingeweicht. Dann gibt man sie in eine Pfanne mit reichlich kaltem Wasser, Salz, ein paar Esslöffeln Öl, einer gehackten Zwiebel, zwei oder drei Salbeiblättern und vielleicht ein wenig Bohnenkraut. Man deckt die Pfanne zu und lässt die Bohnen vom Kochpunkt an während zwei bis drei Stunden auf ganz kleinem Feuer kochen. (Strudelndes Wasser kann die Bohnen beschädigen.)

Dann lässt man sie abtropfen, legt sie in eine flache Schüssel und übergießt sie mit einer Mischung von Öl und gehacktem Knoblauch. Man sollte sie mindestens zwanzig Minuten ziehen lassen. Dabei werden sie lauwarm, und lauwarm schmecken sie am besten. Manchmal bestreue ich den Bohnensalat mit gehackten Cornichons. Das gibt einen guten Geschmacks- und Farbkontrast. Wer Lust auf mehr Säure hat, begießt seine Bohnen im Teller mit ein wenig Weinessig. Zusammen mit einem grünen Salat ist das ein ausgezeichnetes Sommerabendessen.

Wenig Weinessig, viel Olivenöl und mäßig Salz gehören für mich zur klassischen Salatsauce – auch für einen grünen Salat; ich denke da vor allem an meine drei Lieblingssalate: Kresse (am besten die prickelnde großblättrige Brunnenkresse), Feldsalat und den leicht bitteren, italienischen Cicorino. Dass man den faden Kopfsalat sonst noch irgendwie würzen muss, begreife ich; aber ich esse lieber keinen Kopfsalat. Schnittlauch, Soyasauce, Senf, Quark und vor allem die nivellierenden Aromastoffe großer Suppenfirmen gehören für mich in keine Salatsauce. Auch mit den Kräutern muss man vorsichtig umgehen und nicht wahllos Thymian, Estragon, Majoran, Kerbel und Origano verwenden, da das kräftige Aroma dieser Kräuter den Eigengeschmack eines guten Salats viel eher verdeckt als ergänzt. Ich verwende eigentlich nur zwei Kräuter regelmäßig: Basilikum für den Tomaten- und Dill für den Gurkensalat.

BOHNENSUPPE MIT TEIGWAREN

Das ist eine der billigsten und besten Spezialitäten der italienischen Küche. Für sie verwendet man die gesprenkelten Borlotti-Bohnen, die beim Kochen braun werden. Sie haben einen ausgesprochen kräftigen Geschmack, geben einen köstlichen Bohnensalat und sind für eine richtige Minestrone unentbehrlich. Im Sommer findet man sie in ihren rotgefleckten Schoten frisch auf dem Markt: dann muss man sie nicht einweichen und kann sie in zwanzig Minuten gar kochen.

Für vier Personen braucht man
300 g getrocknete Borlotti-Bohnen
2 Esslöffel Öl
1 Zwiebel
1 Prise Zimt
Salz, Pfeffer
2–3 Suppenknochen
50 g gesalzenen Speck (Pancetta)
200 g Nudeln oder andere Teigwaren
50 g Parmesan

Die Bohnen werden über Nacht in kaltem Wasser eingeweicht. Dann setzt man sie in frischem kalten Wasser zusammen mit dem Öl, der gehackten Zwiebel, den Suppenknochen, dem verwiegten Speck, Salz, Pfeffer und Zimt auf und lässt sie vom Kochpunkt an zugedeckt zweieinhalb bis dreieinhalb Stunden kochen, bis die Bohnen fast zerfallen. Keine Crèmesuppe der Welt schmeckt köstlicher als diese dickflüssige Bohnensuppe. Dann bricht man die Nudeln in Stücke und lässt sie mitkochen, bis sie weich sind. Zur Suppe reicht man den frisch geriebenen Parmesan.

Wenn man wenig Geld und hungrige Esser am Tisch hat, ist das ein ideales Abendessen.

BUSECCA

«Busecca» ist der oberitalienische Dialektausdruck für Kutteln und zugleich auch für deren üblichste Zubereitungsart: die Kuttelsuppe, ein einfaches und kräftiges Gericht, in dem der eigenartige Geschmack der Kutteln sich mit demjenigen frischer Gemüse und Kräuter zu einem Wohlgeschmack verbindet, der selbst Leute, denen schon der Anblick der vielgestaltigen Rindermägen nicht angenehm ist, für diese billige und gesunde Speise gewinnen wird. Da die Busecca zu den Gerichten gehört, die aufgewärmt fast noch besser schmecken als frisch, lohnt es sich, diese Suppe für mindestens zwei Mahlzeiten zuzubereiten. Den Einwand, das Aufwärmen schade dem Nährwert, finde ich nicht stichhaltig, weil ich glaube, dass ein wohlschmeckendes und appetitanregendes Gericht vom Körper sehr viel besser verwertet wird als eine fade Suppe mit vielen Vitaminen.

Man braucht also für vier Personen
250 g Borlotti-Bohnen
30 g Butter
100 g Speckwürfel von gesalzenem Speck
3–4 Karotten
2 Lauchstengel
1 mittleren Wirz
wenig Sellerieblätter (ihr Geschmack ist sehr ausgeprägt)
viel Petersilie
2 Salbeiblätter
2 mittlere Kartoffeln
Majoran und Basilikum
2–3 frische Tomaten oder eine Dose Pelati (geschälte Tomaten)
500 g Kutteln, fein geschnitten
3 l Wasser und 1–2 Bouillonwürfel
oder 3 l Knochenbrühe
100–150 g geriebenen Parmesan

Die Borlotti werden zwölf Stunden in kaltem Wasser eingeweicht. Dann gießt man das Einweichwasser ab, füllt frisches kaltes Wasser auf, bis die Bohnen bedeckt sind, salzt leicht und kocht sie in eineinhalb bis zwei Stunden weich. Das ist eine Vorsichtsmaßnahme, weil es vorkommt, dass irgendwelche chemischen Prozesse die Bohnen daran hindern, zusammen mit den anderen Gemüsen weich zu werden. Hat man frische Bohnenkerne (das doppelte Gewicht), so vermischt man sie direkt mit dem übrigen Gemüse, das gerüstet, gewaschen und so fein als möglich geschnitten wird.

Nun lässt man die Butter – am besten in einem Steinguttopf – flüssig werden, brät darin die Speckwürfel glasig und dämpft alle Gemüse und Kräuter (außer Kartoffeln und Tomaten) so lange, bis der austretende Saft den Boden der Pfanne bedeckt. Man löscht mit der heißen Knochenbrühe oder mit heißem Wasser (und Fleischbrühwürfel) ab und lässt alles aufkochen. Dann fügt man die geschälten und sehr fein geschnittenen Kartoffeln bei (sie sollten sich fast auflösen und der Suppe eine sämige Konsistenz geben), die geschälten frischen Tomaten oder die Pelati aus der Dose und lässt alles auf kleinem Feuer eineinhalb Stunden kochen. Danach gibt man die gekochten Borlotti und die Kutteln dazu, salzt, wenn nötig, und kocht die Suppe noch eine halbe Stunde weiter.

Die Busecca darf so dick sein, dass der Löffel darin steht, und sie wird mit viel geriebenem Käse serviert. Sie ist zusammen mit einem Stück Brot eine vollständige Mahlzeit und ohne Brot, wie ein Bekannter von mir behauptet, die ideale Schlankheitsdiät.

An diesem Rezept soll man, das weiß ich aus eigener Erfahrung, nicht weiter experimentieren. Alle seine Zutaten sind das ganze Jahr erhältlich. Deshalb soll man es im Sommer nicht mit Peperoni und Zucchetti bereichern wollen und auch weder Zwiebeln noch Knoblauch dazu verwenden; die einzige ebenbürtige Variante entsteht durch das Weglassen der Tomaten. Und wenn man die Kutteln weglässt, so wird es eine Gemüsesuppe oder Minestrone.

CATALOGNA

Dass die meisten Italiener nur zum Essen Wein trinken, erfuhr ich während meiner Studienzeit in Neapel. Da stieg man nach dem Kino oft in einen der schönen Weinkeller der Innenstadt hinunter, wo neben den großen Fässern primitive Holztische und Bänke stehen, und bestellte Wein und dazu immer,

ohne Ausnahme, etwas zum Essen: Salami oder Knoblauchwurst, pikanten Provolonekäse und als Beilage meistens ein leicht bitteres grünes Gemüse, das man lauwarm oder kalt aß und mit Olivenöl und Pfeffer würzte. Nach meiner Rückkehr in die Schweiz hatte ich dann lange Zeit Heimweh nach diesem mit so vielen schönen Erinnerungen verbundenen Gemüse, das ich in keinem Laden sah und dessen Namen ich auch gar nicht kannte, weil man es in Neapel schlicht als «Verdura» (Gemüse) bezeichnet hatte.

Nach ein paar Jahren entdeckte ich es wieder, und zwar nicht beim Kaufen, sondern erst beim Essen. Beim Kaufen hatte ich nur die Absicht, einmal zu versuchen, wie die langen Büschel von Riesenlöwenzahn schmecken, die in Läden haufenweise herumlagen. Ihr Name war «Catalogna», und ich kochte sie nach der Anleitung einer italienischen Bekannten fünf Minuten im Salzwasser, übergoss sie mit Olivenöl, gab Pfeffer aus der Mühle und etwas Zitronensaft dazu, und beim ersten Bissen wusste ich, dass ich meine neapolitanische «Verdura» wiedergefunden hatte.

Vorsichtigerweise muss ich darauf aufmerksam machen, dass dieses bitteraromatische Gemüse nicht jedermanns Sache ist; was ich aber mit gutem Gewissen empfehlen kann, ist die italienische Art, gekochtes Gemüse als Salat zuzubereiten; das heißt mit Olivenöl, Salz, Pfeffer und ganz wenig Zitronensaft anzumachen. Wobei nur Salz und Olivenöl unentbehrlich sind. Pfeffer und Zitronensaft bleiben dem persönlichen Geschmack überlassen. Als nicht bittere Gemüse kommen in Frage: Spinat, Broccoli, Blumenkohl, Krautstiele und Lattich.

CHICORÉE

Es gibt kaum eine Fachsprache, in der die Sprachverwirrung babylonischer ist als in der Kochterminologie: wenn man in Frankreich «Chicorée au gratin» bestellt, bekommt man einen Endiviengratin, und wenn man Lust auf «Salade d'endives» hat, wird einem Chicoréesalat vorgesetzt.

In Frankreich habe ich gelernt, wie man

CHICORÉESALAT

(Salade d'endives) richtig zubereitet. Ich studierte in Paris, hatte keine Ahnung vom Kochen, weil ich zu Hause, wo meine Mutter und meine Schwester vorzüglich kochten, höchstens dazu kam, den Salat zu waschen oder den Tisch zu decken. Bei meinen Pariser Bekannten, die mich oft zum Essen einluden, versuchte ich, diese beiden Fähigkeiten wohlerzogen einzusetzen, was mir nur beim Tischdecken gelang. Als ich einmal Chicoréeblätter ins Salatwaschbecken legen wollte, rief die Hausfrau erschrocken, ich solle das doch bitte lassen, und zeigte mir, dass die weißen Blätter der Chicorée, wenn man die äußerste Schicht entfernt, ganz sauber sind und nur mit einem sauberen Tuch abgetupft werden dürfen. Der Unterschied zwischen einem gewaschenen und abgetropften und einem ganz trockenen (man kann die Blätter auch rasch abspülen und dann abtrocknen) Chicoréesalat ist tatsächlich groß, weil die Sauce an den trockenen Blättern viel besser haftet. Man schneidet ihn natürlich nicht in dünne Ringlein, wie das bei uns vielfach üblich ist, sondern lässt die Blätter ganz, halbiert oder viertelt sie.

Für die Sauce verwendet man – außer Öl und Salz – Zitronensaft und einen Esslöffel Joghurt oder Sauerrahm, weil der bittere Geschmack der Chicorée durch diese beiden Zutaten erst richtig zur Geltung kommt.

Chicorée ist auch eine Art natürliches Fertiggemüse, das man weder rüsten noch waschen muss und das zudem im Kühlschrank eine Woche haltbar bleibt. Am besten schmeckt mir

GEDÄMPFTE CHICORÉE

Für vier Personen braucht man

8 Chicoréestangen

2–3 Esslöffel Öl

Salz

Die Chicoréestangen werden halbiert, in die Bratpfanne mit heißem Öl gelegt, gesalzen und hie und da vorsichtig gerüttelt, damit sie nicht anbrennen. Nach spätestens fünfzehn Minuten sind sie auf der Unterseite gebräunt, aber noch nicht so weich, dass sie unter den Zähnen nicht mehr noch ein wenig knacken. Sie schmecken allerdings auch länger gekocht, weil sie dabei eine schmelzend weiche Konsistenz entwickeln. Sie eignen sich als Beigabe zu Fleisch, als selbständiger Gemüsegang oder Gemüse-Mahlzeit.

DORSCHFILETS

Ich bin überzeugt, dass der Dorsch nur deshalb als gewöhnlich gilt, weil er so billig ist. Dabei hat er einen wunderbar feinen und doch kräftigen Geschmack und eignet sich, im Gegensatz zu den zarten Soles und Forellen, zu den verschiedensten

Zubereitungen. Man braucht sich da nur in Italien umzusehen, wo der gesalzene und getrocknete Dorsch unter der Bezeichnung «Baccalà» von den Alpen bis nach Sizilien auf mindestens fünfzig verschiedene Arten zubereitet wird. Ich kaufe die Dorschfilets häufig tiefgekühlt: sie schmecken bei den folgenden Rezepten wie die frischen und sind praktischer, weil sie sich tiefgekühlt mehr als einen Monat aufbewahren lassen.

Meine beiden Dorsch-Rezepte sind sehr verschieden: das erste ist klassisch einfach, leicht verdaulich und auch kalorienarm.

DORSCHFILETS MIT ZWIEBELN UND TOMATEN
Für vier Personen braucht man
2 Pakete tiefgekühlte Dorschfilets
Salz, Pfeffer, Zitronensaft
1 große Zwiebel
2-3 Tomaten
Thymian oder Oregano

Man lässt die Dorschfilets ungefähr eine Stunde antauen und bestreut sie mit Zitronensaft, Pfeffer und Salz. Dann buttert man eine feuerfeste Form gut aus, legt den Dorsch hinein und bedeckt ihn mit der in Ringe geschnittenen Zwiebel. Darauf kommt zum

Schluss eine kompakte Schicht von Tomatenscheiben, die man mit Salz, Thymian oder Origano würzt. Man bedeckt die Form mit einer Alufolie und lässt den Fisch bei mittlerer Hitze im Backofen gar werden. Das dauert nicht mehr als eine halbe Stunde.

Mein zweites Rezept ist ein richtiges Schlemmerrezept, obwohl es weniger kostet als jedes Fleischgericht.

DORSCHFILETS MIT SPECK UND RAHM
Für vier Personen braucht man
2 Pakete tiefgekühlte Dorschfilets
1 Esslöffel Öl
100 g Speckwürfel von gesalzenem Speck
1 kleine Zwiebel
½ Sträußchen Petersilie
Salz, Pfeffer, Origano
1 Glas Weißwein
Zitronensaft
1–2 dl frischen Rahm

Die Speckwürfel werden im Öl glasig gebraten, mit Weißwein abgelöscht und mit Origano, der feingehackten Petersilie und dem Zitronensaft gewürzt. Dann legt man die wie im ersten Rezept vorbereiteten Dorschfilets hinein und lässt sie zwanzig Minuten zugedeckt in der Sauce schmoren. Am Schluss gießt man den frischen Rahm dazu, lässt ihn heiß werden und würzt, wenn nötig, mit Salz und Pfeffer nach. (Zum Fisch passt nur weißer Pfeffer, und da ich nur eine Pfeffermühle habe, nehme ich mir die Mühe, den schwarzen Pfeffer, den man ja fast täglich braucht, auszuleeren und weiße Pfefferkörner einzufüllen.)

Zu beiden Gerichten kann man Brot essen und ein Glas Wein trinken, noch besser aber schmecken sie mit Salzkartoffeln.

ERDBEER-RUMTOPF

Das ist das feinste und einfachste Dessert, das ich mir vorstellen kann. Mit seiner Zubereitung beginnt man am besten im Juni, wenn die Erdbeerpreise sich langsam ihrem Tiefpunkt nähern.

Man braucht dazu außer frischen, reifen, aber nicht zu weichen Erdbeeren nichts als Zucker (zweihundertfünfzig bis vierhundert Gramm auf ein Kilogramm Erdbeeren), braunen Rum, den man am besten offen kauft, und einen möglichst großen, sauberen Steinguttopf.

Man wäscht und entstielt die Erdbeeren, vermischt sie in einer Schüssel mit dem Zucker, damit dieser sich nicht auf dem Boden festsetzt, gibt sie dann in den Topf und gießt Rum dazu, bis die Beeren ganz bedeckt sind. Dann deckt man den Topf zu und stellt ihn an den kühlsten Ort des Kellers. Es ist nicht notwendig, ihn aufs Mal zu füllen – das könnte eventuell das Budget zu sehr belasten – man kann in den folgenden Tagen und Wochen weitere Erdbeeren mit Zucker dazugeben und Rum nachfüllen.

Leute, die einen Garten haben, legen sich häufig einen gemischten Rumtopf an, in den sie nach den Erdbeeren auch Himbeeren, Aprikosen, Zwetschgen und Birnen geben. Ich kann mir vorstellen, dass diese Mischung gut schmeckt; ich bleibe aber, da ich die Früchte auf dem Markt oder im Laden kaufe, bei meinem «puristischen» (der Vorwurf stammt von einem Bekannten) Erdbeer-Rumtopf, weil mir frische Erdbeeren auch ohne Rum lieber sind als ein Fruchtsalat.

Wenn der Topf einmal voll ist, soll man ihn nicht gleich vergessen, sondern während eines Monats jede Woche einmal kontrollieren, ob die Mischung nicht zu gären beginnt, was bei dem geringen Zuckergehalt sehr leicht passiert. (Wenn man, wie in den meisten Rezepten angegeben wird, auf ein Kilogramm Erdbeeren fünfhundert Gramm oder mehr Zucker nimmt, ist der Rumtopf narrensicher, aber leider viel zu süß). Stellt man Anzeichen von Gärung fest, fügt man Zucker bei, rührt den Inhalt des Topfs sorgfältig um und vergewissert sich nach ein paar Tagen, ob die Gärung aufgehört hat oder ob noch mehr Zucker zuzufügen ist.

Später kann man den Rumtopf sich selber und der Zeit überlassen. Im November ist er als Dessert bereit. Das Gemisch hat dann eine faszinierende Wandlung durchgemacht: die Erdbeeren haben das sanfte Braun des Rums angenommen, und der Rum hat den Erdbeergeschmack so sehr absorbiert, dass selbst Leute, denen Rum nicht schmeckt, die aromatisch kühle Flüssigkeit schätzen werden. Und was mir selber an diesem Dessert am meisten gefällt: es ist nicht süß und bildet gerade nach einer reichlichen Mahlzeit einen erfrischenden und magenstärkenden Abschluss.

Das einzig Bedauerliche an diesem Erdbeer-Rumtopf ist, dass er so rasch aufgegessen ist; auch bei großer Sparsamkeit reicht er meist nur knapp bis ins neue Jahr, und ich glaube, auch wenn man viele Töpfe einmachen würde – sie wären alle vor dem Frühling leer. Eigentlich ist es ja auch gar nicht wünschenswert, alle Genüsse beliebig zu verlängern. Deshalb finde ich es schön, dass gerade die unfreundlichsten Monate des Jahres – November, Dezember und vielleicht noch der Januar – durch das Dessert aus dem Rumtopf erheitert werden.

FLEISCHBRÜHE UND SIEDFLEISCH

In meiner Jugend gab es am Samstagmittag immer «Gesottenes» zum Mittagessen, und weil wir Kinder dieses blasse Fleisch, diese faden Karotten, den unangenehmen Wirz und den penetranten Sellerie nicht leiden konnten, wurden wir durch einen Wiener Apfelstrudel zum Dessert getröstet. Diese Doppeltradition war recht angenehm und verschaffte uns zudem den Genuss der «Sonntagssuppe», einer Fleischbrühe, in der nicht wie am Samstag prosaische «Dünkli» schwammen, sondern die zarten Flöcklein eines zerschlagenen Eis.

Nachdem ich mein Elternhaus verlassen hatte, aß ich manches Jahr kein Siedfleisch mehr, bis ich Hannibal und Anna kennen lernte. Anna war Kellnerin und wohnte im gleichen Haus wie ich; Hannibal, ihr Verlobter, war Metzger in der Ostschweiz und besuchte sie jeweils übers Wochenende, brachte aus seiner Metzgerei Koteletten, Braten und immer ein Stück Fleisch zum Sieden mit. Er kochte für Anna und häufig auch für mich. Damals ist Siedfleisch nach dem Rezept von Hannibal ein Grundpfeiler meiner Küche geworden, und wenn ich nicht einen Topf mit Fleisch-, Hühner- oder wenigstens Knochenbrühe auf dem Herd habe, fehlt mir seither etwas. Obschon ich die Bouillonwürfel als zusätzliche Würze schätze, ganz ausgeliefert mag ich ihnen nicht sein.

Aus dem uralten Siedfleisch-Dilemma: will man gute Suppe oder gutes Fleisch (das heißt, gibt man das Fleisch ins kalte oder erst ins kochende Wasser, in dem sich die Poren sofort schließen können), hat Hannibal einen sozusagen idealen Ausweg gefunden. Er gibt das Fleisch ins kochende Wasser; damit die Brühe aber trotzdem kräftig wird, lässt er die Suppenknochen (möglichst viele) und das Gemüse vom Wasser bis ins Letzte auslaugen, indem er sie mit kaltem Wasser aufsetzt und, wenn das Fleisch gar ist, noch zwei bis drei Stunden auf kleinstem Feuer weiterkochen lässt. So bekommt man eine gute Suppe, und dem faden, aus der Fleischbrühe gezogenen Gemüse, das dabei geopfert wird, traure ich nicht nach. Ein frischer Salat ist in diesem Fall mehr als ein Ersatz.

Für vier Personen braucht man
2 ½ l Wasser
1 kg Rindfleisch zum Sieden (ich ziehe ein magderes Stück vor, am liebsten ein «Babettli»)

½–1 kg Suppenknochen und ein Markbein
1 Sträußchen Petersilie
1 Suppenlauch
1 kleinen Wirz
2–3 Karotten
1 kleine Sellerieknolle
1 Zwiebel, mit Nelke und Lorbeerblatt besteckt
2–3 Knoblauchzehen
Pfefferkörner
Salz, ev. 1 Bouillonwürfel
Muskatnuss

Man wäscht und rüstet das Gemüse; Zwiebel, Petersilie, Karotten und Wirz werden nicht zerteilt; die Knoblauchzehen und der Lauch werden fein geschnitten und der Sellerieknollen geschält und in Würfel geschnitten. Alles zusammen gibt man mit den Suppenknochen ins kalte Wasser, das man erst leicht salzt, wenn es zu kochen beginnt. Dann fügt man das Fleisch bei und lässt es zweieinhalb bis drei Stunden kochen (die Kochzeit erfragt man mit Vorteil beim Metzger, der sein Fleischstück am besten beurteilen kann). Eine halbe Stunde, bevor man das Fleisch herausnimmt, prüft man den Geschmack der Brühe, salzt leicht nach oder würzt eventuell mit einem Bouillonwürfel und reibt etwas Muskatnuss in die Suppe. Wenn das Fleisch gar ist, nimmt man es heraus und lässt die Knochen- und Gemüsebrühe wenn möglich noch zwei Stunden weiterkochen. Das braucht viel Zeit – ich koche das Siedfleisch immer am Vortag – und setzt zudem voraus, dass man das Siedfleisch am liebsten kalt isst (man hat allerdings auch die Möglichkeit, es am nächsten Tag in der Brühe aufzuwärmen).

Wenn die Brühe genug gekocht hat, siebe ich sie ab und lasse sie, wenn sie mir zu fett vorkommt, erkalten, damit ich einen Teil des Fetts abschöpfen kann; wirklich nur einen Teil, weil ein paar goldene Fettaugen zu einer guten Fleischbrühe gehören. Dann probiere ich ihren Geschmack nochmals, und wenn sie mir zu wenig kräftig ist, würze ich nicht mit Salz oder anderen Würzprodukten, sondern erhitze sie nochmals und lasse sie einkochen, bis sie mir gut schmeckt. Dieses Einkochen ist mein ganzes Geheimnis; ich habe keine Tricks, wie die Freunde, die meine Fleischbrühe gern haben, hartnäckig vermuten.

BEILAGEN ZU FLEISCHBRÜHE UND SIEDFLEISCH

Die Fleischbrühe trinke ich am liebsten aus der Tasse, manchmal, so wie es die italienischen Bauern machen, mit geriebenem Parmesan und einem Tropfen Rotwein gewürzt. Oder ich zerquirle ein Ei in der Tasse und gieße die heiße Fleischbrühe dazu, indem ich dabei gut rühre. Am häufigsten trinke ich die Fleischbrühe aber pur.

Das Fleisch esse ich meistens kalt. Es verlangt nach einer kräftigen Würze: verschiedene Senfsorten, pikante Mayonnaise, Meerrettich (mit mildem Senf oder, was noch viel besser schmeckt, mit Schlagrahm vermischt), süßsaure Früchte wie Preiselbeeren und Mostarda (italienische Senffrüchte). Am besten schmeckt mir allerdings immer die in Italien klassische

SALSA VERDE

die der französischen Vinaigrette ziemlich ähnlich ist.

Für vier Personen braucht man
2 Esslöffel Kapern
2 Sardellenfilets
½ Zwiebel
1 Knoblauchzehe
1 Sträußchen Petersilie
3–5 Esslöffel Olivenöl
1 Esslöffel Weinessig
Pfeffer

Man hackt die Kapern zusammen mit den übrigen Zutaten sehr fein, was ohne die Hilfe eines Wiegemessers kaum möglich ist. Dann rührt man sie mit Öl und Essig zu einer dickflüssigen Sauce an.

Eine weitere feine Beilage ist

SALAT VON ZUCCHETTI UND KAROTTEN
Für vier Personen braucht man
500 g Karotten
500 g Zucchetti
1 l Fleischbrühe (aus Bouillonwürfeln)
4–6 Esslöffel Olivenöl
Pfeffer
ev. Saft von einer halben Zitrone

Die Karotten und die Zucchetti werden in nicht zu dünne Scheibchen geschnitten und in der Fleischbrühe weichgekocht, was bei den Karotten ungefähr zwanzig Minuten, bei den Zucchini ungefähr zehn Minuten dauert. Dann vermischt man sie mit Olivenöl und Pfeffer und mit dem Zitronensaft, der aber fakultativ ist, und lässt sie abkühlen. Sie schmecken am besten lauwarm.

Die abwechslungsreiche Verwertung des Siedfleisches war mir, weil ich es so häufig koche, ein kleines Problem, bis ich bei italienischen Bekannten einmal

MARINIERTES SIEDFLEISCH

aß, das rezent und kräftig schmeckte und mit südländischem Schönheitssinn zusammen mit Cornichons, Artischockenherzen, Pilzen, Oliven und Peperoncini auf einer großen Platte arrangiert war. Das ist für mich die klassische Zubereitung des Restenstücks geworden, das nach der ersten kalten Siedfleischmahlzeit zurückbleibt.

Für vier Personen braucht man
500 g Siedfleisch
2 Esslöffel Öl
1 große Zwiebel
2 Gläser Weinessig
1 Teelöffel Zucker
Pfefferkörner
2 Knoblauchzehen
1 Lorbeerblatt
1 Sträußchen Petersilie
Rosmarin
1–2 Salbeiblätter
2 Gläser Weißwein
2 Gläser Fleischbrühe

Man schneidet die Zwiebel sehr fein und dünstet sie in wenig Öl bei ganz schwacher Hitze so lange, bis sie leicht gelblich ist. Dann fügt man den Essig und alle Gewürze (Zucker, Knoblauch, Lorbeer, gehackte Petersilie, Rosmarin, Salbei und Pfefferkörner) bei und lässt auf kleinem Feuer sehr langsam kochen, bis der Essig fast vollständig verdampft ist. Dann löscht man mit dem Weißwein und der Fleischbrühe ab und lässt noch ungefähr fünf Minuten weiterkochen. Das Siedfleisch schneidet man in dünne kleine Tranchen, schichtet sie in eine schmale, circa fünf Zentimeter hohe, glasierte Schüssel und gießt die heiße Marinade darüber. Das Fleisch muss von ihr bedeckt sein; sonst muss man noch ein wenig Wein und Fleischbrühe aufkochen und nachgießen. Die bedeckte Schüssel stellt man an einen kühlen Ort (vor das Fenster, in den Keller oder in den Kühlschrank).

Am nächsten Tag nimmt man das Fleisch aus der Marinade und richtet es zusammen mit den erwähnten Zugaben an. Man garniert mit Petersilie. Jeder Tischgenosse träufelt über seine Portion so viel Olivenöl, wie er mag. Kartoffelsalat oder im Ofen gebackene Kartoffeln schmecken zu diesem marinierten Siedfleisch am besten.

FORELLENSÜLZE

Sülze finde ich eine großartige Erfindung: ihre aromatische Transparenz verzaubert einen Fisch, ein Stück Braten oder auch nur ein Rädchen Lyonerwurst in eine Delikatesse, die fürs Auge ebenso angenehm ist wie für den Gaumen.

Für meine Sülzen verwende ich nicht wie unsere Großmütter die Brühe von ausgekochten Kalbsfüßen und -köpfen, sondern eine feine, selbst hergestellte Fleisch- oder Hühnerbrühe, die ich mit Gelatine steife. Manchmal nehme ich auch Sülzepulver aus dem Beutel, wobei ich das Wasser durch Weißwein ersetze.

Mit einer solchen Weißweinsülze kann man ohne weiteres auch einen Fisch als Hauptgericht oder als Vorspeise zubereiten. Das ist ein leichtes und gutes Essen, das schön aussieht und den Vorteil hat, dass man es im Voraus zubereiten kann. Ich verwende meistens Süßwasserfische – Forellen, Felchen oder Egli; mir scheint, dass ihr zarter Geschmack bei dieser Zubereitung besonders gut zur Geltung kommt.

Für vier Personen braucht man
600 g Forellenfilets
1 Zitrone
Salz und weißen Pfeffer

40 g Butter
7 dl Weißwein
Sülzepulver
Dill oder Petersilie

Man würzt die Forellenfilets mit Salz, Pfeffer und Zitronensaft. Dann lässt man die Butter in der Pfanne heiß werden, wendet die Filets darin, gießt ein wenig Weißwein zu und lässt sie zugedeckt auf kleinstem Feuer fünf bis sechs Minuten ziehen.

Sind die Filets abgekühlt, legt man sie in eine flache Platte mit Rand und dekoriert mit Zweiglein von Dill oder Petersilie. Die Sülze bereitet man nach der Gebrauchsanweisung zu, indem man das Wasser durch Weißwein ersetzt. Man gießt sie über die Forellenfilets, lässt sie auf Zimmertemperatur abkühlen und stellt sie dann in den Kühlschrank zum Gelieren.

Sehr gut schmeckt auch eine Kombination von frischen und geräucherten Forellenfilets, die man abwechslungsweise einschichtet. Anstelle einer flachen Platte kann man zum Anrichten auch eine hohe viereckige oder ovale Schüssel verwenden. Man braucht dann weniger Sülze, um den Fisch zu bedecken, und das Ganze wirkt wie eine gesülzte Fischpastete.

FRÜHLINGSSUPPE

Es gibt heute Zuchtgemüse, das mit hochwirksamem Dünger und künstlichem Licht behandelt wurde und deshalb so fad schmeckt wie gewisse Mastpoulets. Das gilt vor allem für die ersten Gemüse der Saison. Im Frühling kann man ihnen ausweichen, wenn man auf Spaziergängen das Angenehme mit dem Nützlichen verbindet und die kräftigen wildwachsenden Frühlingskräuter pflückt. An jeder Böschung finden sich die kugeligen, jungen Brennnesseln, die bei vorsichtigem Zugreifen noch nicht brennen; mit Handschuhen lassen sie sich allerdings rascher pflücken. Auch feines Kerbelkraut wächst meist daneben, das sein herbes Aroma nur so lange bewahrt, bis seine weißen Blütendolden aufgehen. Den Löwenzahn, das verbreitetste dieser Kräuter, bekommt man auch auf dem Markt und in Gemüseläden. Etwas weniger häufig, aber dank seiner Höhe leicht sichtbar, ist der Sauerampfer, und um die zarten und leicht süßlich schmeckenden Schösslinge der Waldrebe zu finden, muss man den Wald in der Umgebung der Stadt kennen. In der Ostschweiz heißt diese Pflanze «Niele», und auf dem Land machten die Buben mit ihren dürren Stengeln die ersten Rauchererfahrungen.

Diese Kräuter sind ein besseres Mittel gegen die Frühjahrsmüdigkeit als Vitamintabletten, nicht zuletzt, weil man sie der Bewegung in frischer Luft verdankt.

Das Rezept meiner Lieblingssuppe
für vier Personen:
4 Handvoll junge Brennnesseln
oder gehackter Löwenzahn
4 Handvoll Kerbelkraut
50 g Butter
1 ½ l Fleischbrühe
1 Eigelb
3 Esslöffel Rahm

Man dämpft die sorgfältig gewaschenen Kräuter in der Butter, löscht mit der Fleischbrühe ab und lässt je nach der Zartheit der Kräuter fünf bis zehn Minuten auf kleinem Feuer kochen. Dann verquirlt man in der Suppenschüssel das Eigelb mit dem Rahm und richtet die Suppe unter ständigem Rühren an.

Es gibt noch eine nahrhaftere Variante dieser Suppe, die man als Hauptgericht servieren kann: Hat man die Kräuter mit der Fleischbrühe abgelöscht, so gibt man zwei Handvoll Reis dazu und lässt so lange kochen, bis der Reis weich ist, das heißt ungefähr zwanzig Minuten. Diese Suppe bestreut man mit geriebenem Parmesankäse.

PS: Löwenzahn, Brennnesseln und Sauerampfer lassen sich auch wie Spinat zubereiten, Löwenzahn auch als Salat, während Kerbelkraut und Nielenschosse sich nur für Suppen eignen.

GEFÜLLTE PEPERONI

Dieses Rezept stammt aus dem Balkan und hat zwei große Vorteile: es ist praktisch fettlos und schmeckt so kräftig, weil zum Weichkochen der Peperoni und ihrer Reis-Hackfleisch-Füllung kein Wasser, sondern nur der Saft reifer, frischer Tomaten verwendet wird.

Für vier Personen braucht man
4–6 große und gut gewaschene grüne Peperoni
1 kg Tomaten (am besten die ovalen roten
«San Marzano», die die Italiener für die Tomatensauce benützen)
2 mittlere oder 1 große Zwiebel
2–3 Knoblauchzehen
300 g mageres gehacktes Rindfleisch
100 g Reis
2–3 scharfe Peperoncini (Paprikaschötchen)
2 Esslöffel Öl
Salz

Zuerst schneidet man von den Peperoni einen Deckel weg, kratzt die Samen vollständig heraus und wäscht sie gut. Deckel und Peperonischnipsel aus dem Innern der Früchte werden fein gehackt. Die Tomaten taucht man kurz in kochendes Wasser, zieht ihnen die Haut ab und schneidet sie in kleine Stücke. Dann belegt man den Boden einer Auflaufform mit einer Schicht Tomaten, die man mit Salz bestreut, und setzt die Peperoni darauf. Jetzt kommt die Füllung an die Reihe:

Man erhitzt das Öl in einer Bratpfanne, gibt feingehackte Zwiebel und Knoblauch und ein bisschen später das Fleisch dazu und brät alles schön braun. Wenn sich am Pfannenboden etwas Kruste bildet, muss man nicht ängstlich sein; im Gegenteil: nur mit etwas Kruste entwickelt das Fleisch einen wirklich kräftigen Geschmack. Will man das Fleisch ganz ohne Fett anbraten, gibt man es auf kleinem Feuer zusammen mit der Zwiebel in die Pfanne und stellt das Feuer erst größer, wenn etwas Zwiebelsaft ausgetreten ist und das Fleisch nicht mehr anbrennen kann. Dann vermischt man den Reis mit der Fleischmasse und röstet das Ganze unter ständigem Rühren weiter. Von der Geduld und dem Fingerspitzengefühl, mit denen man diese Operation ausführt, ohne die gefährliche Grenze zum Anbrennenlassen je zu überschreiten, hängt der Wohlgeschmack des ganzen Gerichts ab. Darauf gibt man die Hälfte der geschälten und in kleine Stücke geschnittenen Tomaten und die Peperonirestchen dazu, lässt sie Saft ziehen und kann dann nach einigen Minuten feststellen, ob die Mischung so flüssig ist, dass der Reis darin garkochen kann, oder ob man sie mit ein wenig Wasser oder Wein verdünnen muss. (Notfalls lässt sich das auch noch während der Kochzeit nachholen.) Dann würzt man mit Salz und den feingeschnittenen Peperoncini (ohne die brennend scharfen Samen) und füllt die Masse in die ausgehöhlten Peperoni ein. Mit den restlichen gesalzenen Tomatenstücklein füllt man die Zwischenräume in der Gratinplatte gut aus und bedeckt, wenn es reicht, auch die gefüllten Peperoni mit einer Tomatenschicht. Dann schiebt man die Form zugedeckt in den heißen Backofen oder auf die Herdplatte, wartet, bis der die Peperoni umgebende Tomatensaft kocht, und lässt dann Reis und Peperoni bei schwacher Hitze gar werden. Das dauert ungefähr zwanzig Minuten. Am Ende ist es meist ratsam, den Tomatensaft ohne Deckel noch kurz einkochen zu lassen, damit er konzentriert und würzig wird.

Das tönt etwas umständlich und kompliziert, ist aber, wenn man es einmal im Griff hat, ein einfaches und feines Gericht, das gar nicht besonders viel Zeit braucht. Vor dem Essen werden die Peperoni am besten mit der Gabel an einer Seite aufgeschlitzt, so dass sie auseinanderfallen und die Füllung auf das Fruchtfleisch zu liegen kommt. Darüber kommt ein wenig Tomatensauce und nach Balkanart – die Kombination schmeckt überraschend gut – ein Löffel Joghurt.

GEFÜLLTE SOMMERGEMÜSE

Im Hause meiner Eltern gab es jeden Samstag Siedfleisch, damit am Sonntag die Brühe für die feine Sonntagssuppe bereit war. Heute habe ich eine andere kulinarische Samstagstradition. Irgendwann am Nachmittag oder gegen den Abend koche ich die Tomaten-Hackfleisch-Sauce, die ich auf Seite 112 beschreibe. Dann kann übers Wochenende passieren, was will: ein feines Spaghettigericht ist auf jeden Fall rasch auf dem Tisch. Es kommt aber dann tatsächlich nicht selten vor, dass ich gar keine Spaghetti koche und den «Sugo» anderswie verwende. Zum Beispiel zur Füllung von Sommergemüsen wie Auberginen, Zucchetti und Gurken. Peperoni und Tomaten eignen sich nicht, weil es da wenig auszuhöhlen gibt, und der rezente Sugo ergibt nur mit reichlich Gemüsemark vermischt eine gute Füllung.

Wenn man den Sugo als Gemüsefüllung verwendet, vermischt man ihn vor dem Einfüllen mit reichlich geriebenem Parmesankäse.

Das Gemüse halbiert man und kocht es, je nach Größe, fünf bis zehn Minuten in kochendem Salzwasser vor, damit das Gratinieren im Backofen nicht allzu lange dauert. Allgemein verbindliche Regeln für die Kochzeiten gibt es nicht; es braucht etwas Fingerspitzengefühl, bis man sie von Fall zu Fall richtig abschätzt. Auberginen brauchen am längsten, bei kleinen zarten Zucchetti kann man sogar auf das Vorkochen verzichten.

Dann nimmt man das Gemüse aus dem Wasser, höhlt es aus, hackt das Ausgehöhlte, vermischt es mit der Fleischmasse, füllt damit die Gemüse, legt sie in eine gebutterte flache Auflaufform und schiebt sie für dreißig bis fünfundvierzig Minuten in den mittelheißen Backofen, bis sie gar sind und die Füllung eine goldbraune Kruste hat. Dazu serviert man einen frischen Salat oder, wenn man sehr hungrig ist, Schalenkartoffeln.

GNOCCHI FRITTI

Das Fettgebackene hat in der modernen Ernährungslehre keinen guten Ruf, und wenn ich gestehe, dass man diese Gnocchi im Schweinefett bäckt, wird wahrscheinlich auch der tapfere Rest, angesichts der Cholesteringefahr, die Seite umblättern. Für die Unerschütterlichen muss ich rasch erzählen, wie ich zu diesem köstlichen und einfachen Rezept gekommen bin, das einem jederzeit die Möglichkeit gibt, einen kleinen Festschmaus zu machen – man braucht nur Schweinefett, Mehl, Milch und Salz im Haus zu haben.

Ich habe das Rezept von Giuseppe Brunazzi, einem Italiener aus der Emilia, wo man am Fest des Dorfheiligen jedes Jahr große Körbe von «Gnocchi fritti» bäckt und in Osterie und Privathäusern warm und knusprig wie Pommes frites zu einem Glas guten Wein verzehrt. Brunazzi, ein überzeugter Anhänger übrigens des leider etwas heruntergekommenen Mailänder Fußballklubs «Inter», lebt seit vielen Jahren in der Schweiz, ist mit einer hübschen Düsseldorferin verheiratet, hat zwei Kinder und wohnt in Kloten. Seine heimatlichen «Gnocchi fritti» hat er aber nicht vergessen, und wenn er abends zufällig einmal vor seiner Frau nach Hause kommt, weil sie sich beim Einkaufen verspätet hat, so betteln seine

Kinder sofort, er solle ihnen doch zum Abendessen «Gnocchi fritti» backen. Das macht ihm so viel Spaß wie seinen Kindern und seiner Frau, und nach einer knappen Stunde sitzen dann alle miteinander zufrieden um die riesige duftende Küchleinplatte, zu der die Eltern Wein, die Kinder mit Wein gefärbtes Wasser trinken.

Für vier Personen braucht man
1 Pfund Mehl
250 g Schweinefett (beim Metzger zu beziehen)
1 Esslöffel Salz
Wasser und Milch

Zuerst verreibt man das Mehl sehr gründlich mit ungefähr dreißig Gramm Schweinefett. Dann rührt man den Teig mit etwas lauwarmem Wasser, in dem man das Salz aufgelöst hat, an, fügt, wenn es nötig ist, noch ein wenig Milch dazu und knetet dann den Teig zehn bis fünfzehn Minuten mit den Handballen tüchtig durch. Das ist ziemlich anstrengend, aber nötig, weil der Teig nur so den richtigen Zusammenhalt bekommt. Er muss am Ende die Konsistenz eines Brotteigs haben.

Dann wallt man ihn sehr dünn aus – höchstens zwei Millimeter hoch darf er sein – und zerschneidet ihn in sechs bis acht Zentimeter lange Rhomboide (verschobene Vierecke). In einer Brat- oder noch besser in einer hohen Gusseisenpfanne lässt man das Schweinefett flüssig werden, bis es anfängt zu rauchen, stellt dann das Feuer kleiner und bäckt so viele Teigvierecke, als Platz haben im schwimmenden Fett, bis sie auf der Oberseite aufgehen, Blasen bekommen und unten goldbraun sind; dann kehrt man sie und lässt die andere Seite braun werden. Das geht sehr rasch, nicht einmal eine Minute, und man kann die nächste Lage drannehmen. Das Ganze braucht etwas Fingerspitzengefühl, vor allem in der Regelung der Hitze des Fettes. Die «Gnocchi» müssen sehr knusprig und innen hohl sein. Vor dem Essen kann man sie nach Belieben noch mit etwas Salz bestreuen. Sobald alle «Gnocchi» gebacken sind – die Schüssel stellt man am besten in die Nähe des warmen Herdes oder auch in den lauwarmen Backofen –, werden sie gegessen. Als gesunde Begleitung kann man einen grünen Salat dazu reichen.

HACKBRATEN

Ich gehöre auch zu den Leuten, die im Restaurant nie Hackbraten bestellen, weil mich das Misstrauen gegen seine Zusammensetzung beim Essen stört. Denn unsere steakbesessene Epoche hat den Hackbraten zum Restenverwertungsgericht degradiert und vergessen, dass er einst das Prunkstück der Hofküchen ganz Europas war. Und wenn man es sich recht überlegt, bietet ja gehacktes, mit Gewürzen und anderen Zutaten vermischtes Fleisch der Phantasie eines Koches viel größere Kombinationsmöglichkeiten als ein Stück gebratenes Fleisch, dessen Geschmack sich höchstens mit ein paar Kräutern oder einer Sauce variieren lässt. In der klassischen französischen Küche nehmen denn auch die Pasteten, die Timbales, die Vol-au-vents, die Quenelles (das deutsche Knödel entspricht diesem Ausdruck nur etymologisch) einen breiten Raum ein, und in den Kochbüchern unserer Großmütter war oft ein Abschnitt den «Farcen und Füllseln für Pasteten und Klößchen» gewidmet.

Mein Hackbraten ist allerdings nur ein entfernter und schlichter Verwandter dieser vornehmen französischen Hackfleischgerichte und – die Beigabe von Parmesankäse und die Verwendung von Knoblauch anstelle der Zwiebel deutet darauf hin – eher italienisch inspiriert.

Für vier Personen braucht man

300 g gehacktes Rindfleisch
300 g gehacktes Schweinefleisch
300 g gehacktes Kalbfleisch oder Kalbsbrät
1 großen Markknochen
viel Petersilie
2-3 Knoblauchzehen
50 g geriebenen Parmesankäse
50-100 g altes Weißbrot ohne Rinde
1-2 dl heißes Wasser
2 Eigelb
Salz und Pfeffer
Muskatnuss
50 g Kochbutter
1 Kalbsnetz

Man vermischt die drei Fleischsorten, das Mark, Petersilie und Knoblauch – beides sehr fein verwiegt –, den frisch geriebenen Parmesan, das Eigelb und das im heißen Wasser eingeweichte Weißbrot. Man würzt mit Salz, Pfeffer und Muskatnuss, taucht seine Hände in kaltes Wasser und knetet dann den Fleischteig mindestens zehn Minuten gut durch. Je länger man knetet, desto besser hält er zusammen. Dann belegt man das Kalbsnetz, das man eine halbe Stunde vorher in lauwarmem Wasser eingeweicht hat, mit der

Hackfleischmasse, schlägt das Netz wie Paketpapier ein und befestigt es mit Zahnstochern. Eine andere Methode besteht darin, die Hackfleischmasse auf einem mit Paniermehl bestreuten Tisch zu einem Braten zu formen. (Und schließlich kann man ihn auch einfach in einer gebutterten Auflaufform im Ofen braten.)

In einem Brattopf lässt man die Butter flüssig werden, legt den Braten hinein und schiebt ihn in den mittelheißen Backofen, wo er ungefähr eineinhalb Stunden Backzeit hat. Man muss ihn alle zehn bis fünfzehn Minuten mit heißer Butter übergießen. Vor dem Auftragen entfernt man das Netz, und dabei bleibt, was man eigentlich nicht von vorneherein annehmen würde, der größte Teil der Kruste auf dem Braten zurück.

Dieser Hackbraten ist so saftig, dass er keine Sauce braucht. Am besten schmeckt er mit Kartoffelstock und grünem Salat. Es lohnt sich auch, das doppelte Quantum zu nehmen und am nächsten Tag den kalten Braten aufzuschneiden. Das schmeckt dann gar nicht nach Resten, sondern ist eine im Geschmack leicht verschiedene neue Speise und manch teurer Wildpastete ebenbürtig.

Anstelle einer Fleischsorte kann selbstverständlich auch fein gehacktes Restenfleisch verwendet werden.

Einen praktischen gusseisernen Fleischwolf kann man in jedem Haushaltsgeschäft kaufen.

Hat man wenig Zeit, kann man aus der Hackfleischmasse auch kleine Kugeln formen, etwas flach drücken und in heißer Kochbutter langsam auf beiden Seiten braten, was je nach Größe zehn Minuten dauert.

Zum Schluss muss ich noch gestehen, dass ich auch eine Hackbraten-Variante mit Sauce habe, und zwar in der realistischen Einsicht, dass Saucenliebhaber nicht zu bekehren sind. Diese Variante hat zudem den Vorteil, zeitsparend zu sein, weil das Begießen des Bratens wegfällt. Auch wird so der feine Bratenfonds besser ausgenützt, und der Braten kann jederzeit wieder aufgewärmt werden. Man stellt den Brattopf auf den Herd, lässt zwanzig bis dreißig Gramm Fett heiß werden (Butter eignet sich weniger zum direkten Anbraten) und brät den Hackbraten rundherum schön braun an, löscht mit einem oder zwei Glas Rotwein ab und gibt echte oder mit Bouillonwürfel hergestellte Fleischbrühe dazu, bis der Braten ungefähr zur Hälfte in der Sauce liegt. Dann lässt man ihn zugedeckt auf kleinem Feuer eineinhalb Stunden schmoren und vergisst nicht, den Braten in der Halbzeit einmal zu wenden. Am Ende wird die Sauce, falls sie zu dünn ist, noch ein wenig eingekocht. Dann entfernt man das Netz, schneidet den Braten in Tranchen und lässt diese in der Sauce ein paar Minuten kochen. Männer und Kinder, die Kartoffelstock mit Sauce über alles lieben, macht man so leicht glücklich.

HÜHNERLEBER NACH JÜDISCHER ART

Die beste Speise aus Hühnerleber habe ich an einem Sonntags-Brunch bei Beatrice gegessen: es handelte sich um einen Brotaufstrich nach einem alten jüdischen Rezept, der mit knusprigem Toast gegessen wurde und so guten Zuspruch fand, dass bald nichts mehr davon übrig war. Die Delikatesse besteht, wie mir die Gastgeberin erklärte, aus gebratener Hühnerleber, hartgekochten Eiern und Zwiebeln; sie erinnert an eine feine hausgemachte Pâté, ist aber viel leichter und zarter, weil sie fast kein Fett enthält. Und sie ist, was ich besonders wichtig finde, im Gegensatz zu Pâtés und Terrinen kinderleicht herzustellen.

Mit der Hühnerleber wissen heute viele Hausfrauen nichts mehr anzufangen. Vielleicht weil Hühner heutzutage meist pfannenfertig ohne Innereien verkauft werden und niemand mehr weiß, dass auch

Hühnerherz und Hühnermagen nicht zu verachten sind, weil sie jede Fleischbrühe und viele Saucen kräftiger machen. Frische Hühnerleber bekommt man auch heute in manchen Metzgereien und Traiteurgeschäften sowie an den Geflügelständen der Wochenmärkte. Man kann sie aber auch ohne weiteres tiefgekühlt kaufen. Sie hat einen angenehm kräftigen Geschmack, ist ausgesprochen billig und hat gegenüber der Kalbs-, Rinds- und Schweinsleber den Vorteil, dass sie auch bei längerem Kochen nicht hart wird.

Ihre lockere, vielleicht könnte man auch sagen: sämige Konsistenz macht sie zu einer idealen Farce zum Füllen von Geflügel und zur Herstellung von Terrinen und Brotaufstrichen. Die würzigen «Crostini di fegato» – die Hühnerlebertoasts – sind eine beliebte Vorspeise in der italienischen Küche, wo die Hühnerleber überhaupt einen Ehrenplatz hat; ich denke da zum Beispiel an den herrlichen Tomatenrisotto mit Hühnerleber, den ich in Bologna einmal gegessen habe.

Doch nun zu Beatrice' Rezept, das ich sofort in mein Repertoire aufgenommen habe.

Für vier Personen braucht man
300 g Hühnerleber

2 hartgekochte Eier
1 große Zwiebel
30 g Butter
Salz, Pfeffer

Man brät die Leber in der Butter rundherum gut an. Man zerdrückt sie mit einer Gabel, vermischt die Masse mit den in Würfel geschnittenen Eiern und der gehackten Zwiebel und verwiegt alles mit dem Wiegemesser, bis eine feine streichfähige Masse entsteht, die man mit Salz und Pfeffer abschmeckt.

KALBSRAGOUT

Wenn ich Lust auf ein Fleischgericht habe, das nicht viel zu tun gibt, koche ich meistens ein Kalbsragout, so wie ich es von einem Tessiner Freund gelernt habe: als Improvisation mit den Zutaten, die ich gerade zu Hause habe. Von diesem Ragout oder «Spezzatino», wie es im Tessin heißt, gibt es eine klassische Form, die mein Freund «Spezzatino all'antica» nannte, was man mit «Ragout nach traditioneller oder nach Großmutter-Art» übersetzen könnte. Es braucht dazu außer Kalbfleisch nur Öl, Weißwein, Salz, Pfeffer, Mehl und ein Zweiglein Rosmarin. Ich habe diese schlichte Urform des Kalbsragouts allerdings noch nie ausprobiert, weil ich fast immer Zwiebeln, Knoblauch, Petersilie und andere Gemüse, gedörrte Steinpilze, geschälte Tomaten in Dosen und Oliven zur Hand habe und daraus mein Ragout komponiere. Eine der besten Varianten ist die nachstehende, die ihr Aroma Schalotten, Karotten und Kräutern verdankt.

Für vier Personen braucht man
800 g Kalbsragout
2 Esslöffel Öl
2 Knoblauchzehen
8-10 Schalotten
3-4 Karotten
1 Sträußchen Petersilie
1 Esslöffel Mehl
1 Glas Weißwein oder Marsala
1 Lorbeerblatt
1 Zweiglein Rosmarin oder 2-3 Salbeiblätter
Salz, Pfeffer
2-3 dl Fleischbrühe

Man gibt das Öl in einen Brattopf und dünstet darin die Knoblauchzehen. Sobald sie gelb sind, entfernt man sie, erhitzt das Öl weiter und gibt das Kalbfleisch dazu, das man bei starkem Feuer und unter aufmerksamem Wenden anbrät, bis es eine schöne, goldbraune Farbe hat. Dann stellt man das Feuer klein und gibt die geschälten Schalotten, die in Stengelchen geschnittenen Karotten und die gehackte Petersilie bei und dünstet alles zusammen gut an. Nun bestäubt man das Ganze mit dem Mehl und löscht mit dem Weißwein oder dem Marsala ab. Man würzt mit Salz und Pfeffer, fügt das Lorbeerblatt, den Rosmarin oder die Salbeiblätter hinzu und gibt heiße Fleischbrühe bei, bis das Ragout knapp bedeckt ist. Jetzt deckt man den Topf zu und lässt das Ragout auf kleinem Feuer eine Stunde lang kochen. Wenn die Sauce nach dieser Zeit zu dünn ist, nimmt man den Deckel weg und lässt das Zuviel an Flüssigkeit einkochen.

Sehr gut schmeckt das Kalbsragout auch mit gedörrten Steinpilzen, die man samt dem Einweichwasser beigibt. Auch frische Pilze, zum Beispiel Champignons, Oliven, geschälte Tomaten aus der Dose oder Speckwürfel bieten Variationsmöglichkeiten. Es lohnt sich aber, die Geschmackskombinationen gut zu überdenken – gedörrte Steinpilze und Oliven passen ihres intensiven Aromas wegen nicht zusammen – und eher eine Zutat weniger als eine Zutat mehr zu verwenden. Und wer weiß: vielleicht werde ich eines Tages entdecken, dass das klassische «Spezzatino all'antica» wirklich am besten schmeckt. Als Beilage zum Kalbsragout eignen sich Polenta, luftiger Kartoffelstock, Trockenreis oder auch Nudeln.

KATALANISCHER SALAT

Dieses Gericht ist für mich mit schönen Sommerabenden im Hof einer kleinen Wirtschaft verbunden, wo man mitten in der Stadt auch bei heißem und schwülem Wetter immer einen Hauch von Frische findet. Diese Frische kommt von den Kirschbäumen, unter denen ein paar kleine Tische stehen. Die Gäste – fast alles Tessiner oder Norditaliener – sitzen aber nicht an den Tischen, sondern rücken ihre Stühle an den Rand der Bocciabahn, die den Rest des Hofs ausmacht, und kommentieren das Spiel aufmerksam und ironisch. Von dieser Stuhlreihe aus sieht man auch die hell erleuchtete Küche der Wirtschaft, wo eine Frau oder der Besitzer nach acht Uhr jeweils das Abendessen für die Angestellten zubereitet. An einem Abend hatte ich den Eindruck, die Köchin hantiere besonders eifrig und sorgfältig, und wurde so neugierig, dass ich den Besitzer, einen Katalanen, nach dem Menu fragte. Er bat mich sofort in die Küche, und ich durfte von allem kosten. Es gab knusprige Friture von kleinen Fischen, die der Kellner am Nachmittag am Zürichsee geangelt hatte, und dazu einen Salat, der mir als eine überaus köstliche, sanfte und fremdartige Delikatesse erschien. Das Rezept dieser katalanischen Spezialität wurde mir ohne Weiteres erklärt. Es handelte sich um einen Salat aus gebratenen und in Streifen geschnittenen Peperoni, der auch in Italien beliebt ist.

Für vier Personen braucht man
6–8 mittlere Peperoni (grün, rot und gelb)
1 Knoblauchzehe
1–2 Esslöffel Kapern
1–2 Sardellenfilets
Olivenöl

Die Peperoni werden gewaschen, getrocknet, auf den Gitterrost eines Backblechs gelegt und in den auf zweihundert Grad vorgeheizten Backofen geschoben. Nach fünfzehn Minuten dreht man sie um und nach einer halben Stunde sind sie im Allgemeinen gar, was man von Auge oder mit einer Messerspitze feststellen kann. Nun nimmt man die Peperoni heraus, lässt sie ein paar Minuten ausruhen und kann ihnen nun ohne Schwierigkeit mit einem Messer oder noch besser von Hand die Haut abziehen. Man halbiert sie, gießt die Flüssigkeit weg, säubert das Innere der Frucht und schneidet sie in Streifen. Dabei bildet sich eine aromatisch intensive Flüssigkeit, die man zusammen mit den Peperonistreifen in die Salatschüssel gibt. Man würzt mit Salz, Olivenöl, dem ausgepressten Knoblauch, den gespülten Kapern und den zerzupften Sardellenfilets.

Der Salat schmeckt nicht nur zu Friture, sondern auch zu kaltem Fleisch oder Würstchen.

KNOBLAUCHSUPPE

Das ist neben der Linsensuppe meine Lieblingssuppe. Das Rezept stammt aus der Provence, wo der Knoblauch wie in allen mediterranen Ländern einen Ehrenplatz in der Küche einnimmt, während man bei uns etwas zimperlich ist und sich vor seinem penetranten Geschmack fürchtet. Dabei stört nach Knoblauch riechender Atem meist nur denjenigen, der selber keinen Knoblauch gegessen hat, und darum ist es wichtig, dass alle Tischgenossen Knoblauch essen. Dazu kommt, dass der gedünstete und vor allem der gekochte Knoblauch viel von seiner Schärfe verliert und einen sanft mandelähnlichen, sehr attraktiven Geschmack bekommt.

Für vier Personen braucht man
20–30 große Knoblauchzehen
3–4 Esslöffel Olivenöl
1 ¹/₂ l Fleischbrühe

Man schält die Knoblauchzehen, gibt sie mit drei bis vier Esslöffeln Olivenöl in ein kleines Pfännchen und dämpft sie ein paar Minuten im heißen Öl. Dann zerstampft man sie in einem Mörser und fügt die Masse zur Fleischbrühe, die man auf kleinem Feuer fünfundvierzig bis sechzig Minuten – das heißt, bis der Knoblauch weich ist (bei frischem Knoblauch genügt auch eine halbe Stunde) – kochen lässt.

Zusammen mit einem Glas Wein, einem Stück Brot und einem guten Käse als Nachspeise ist das ein einfaches und gutes Abendessen.

KUTTELN ALLA NAPOLETANA

Kutteln sind heute – vielleicht weil sie so billig sind – beinahe eine Seltenheit geworden. Man findet sie kaum auf der Menukarte feiner Restaurants, und auch in den gutbürgerlichen Kochbüchern fristen sie ein Schattendasein, es sei denn, es handle sich um die berühmten «Tripes à la mode de Caen», ein wunderbares kompliziertes Gericht, das mindestens zwölf Stunden im Backofen schmoren muss. Das geht mir bei aller Liebe zum Kochen zu weit; denn die Kutteln gehören für mich zu den gar nicht so zahlreichen Gerichten, die billig, wohlschmeckend und sehr rasch zubereitet sind, weil man sie in der Kuttlerei oder beim Metzger schon vorgekocht kauft. Heute muss man die Kutteln beim Metzger allerdings ein paar Tage im Voraus bestellen.

Die Abneigung, die viele Leute gegen Kutteln haben, beruht aber sicher nicht nur auf gewöhnlichem Snobismus, sondern gilt ihrem eigenartigen Geschmack und der einfachen Tatsache, dass es sich um Innereien handelt. Diese Abneigung kann man überwinden; das habe ich an mir selber erlebt. Und zwar ging das stufenweise: zuerst lernte ich die «Busecca» – die oberitalienische Gemüsesuppe mit Kutteln – schätzen, weil in ihr der Geschmack der Kutteln fast nur unterschwellig wahrzunehmen ist; nach und nach fand ich an diesem zarten Aroma Gefallen und ging ans Ausprobieren anderer Kuttelgerichte. So weit wie mein Vater, der einen Kuttelfleck, wie er vom Metzger kam, kalt und nur mit

Salz, Essig und Öl gewürzt, verspeiste, bin ich allerdings nicht gekommen.

Die besten Kutteln meines Lebens habe ich in Rom in einer der kleinen Trattorie an der Via dei Serpenti gegessen, wo die Trippa in riesigen Eisenkesseln in einer Sauce gekocht wird, deren wichtigste Bestandteile Tomaten, Pfefferminzblätter und scharfer Pecorino-Käse sind. Weil man hier aber die Menta romana – das römische Pfefferminzkraut – nicht kennt und den Pecorino (ein Schafkäse) nur in Spezialgeschäften erhält, habe ich eine Variante dieses Gerichts ausprobiert, die ich «alla napoletana» nenne, weil die Tomaten ihr wichtigster Bestandteil sind.

Für vier Personen braucht man
1 kg geschnetzelte Kutteln
4 Esslöffel Olivenöl
1 Zwiebel
2 Knoblauchzehen
1 Sträußchen Petersilie
ein paar Sellerieblätter
1–2 Salbeiblätter
1 Zweiglein Rosmarin
1 Glas Rotwein
1 große Dose Pelati (geschälte Tomaten)
1–2 Esslöffel Tomatenpüree

1 Bouillonwürfel
Pfeffer und Salz
ev. Parmesan

Zwiebel und Knoblauch werden fein gehackt, nacheinander im heißen Öl goldgelb gedämpft, mit den Kutteln und den fein verwiegten Kräutern vermischt, gut weitergedämpft und dann mit Rotwein und später mit den Pelati abgelöscht. Darauf fügt man das Tomatenpüree und den in wenig heißem Wasser aufgelösten Bouillonwürfel bei, würzt mit Pfeffer und wenn nötig mit Salz nach und lässt auf kleinem Feuer zugedeckt ungefähr zwanzig Minuten kochen. Frisch geriebener Parmesan passt gut dazu.

Am besten schmecken diese Kutteln mit Schalenkartoffeln und einem Salat.

Ich habe mit ihnen übrigens eine Erfahrung gemacht, die auch für die Busecca und noch viele andere Speisen gilt: sie schmecken besser lauwarm als heiß. Unsere Esskultur huldigt dem unsinnigen Kult des Siedendheißen oder Eiskalten und ignoriert die köstliche Zwischenstufe des Lauwarmen weitgehend, in der sich alle Aromen reicher entwickeln. Die Italiener sind in dieser Beziehung viel weiser: sie essen Suppen, Gemüse und Fleischgerichte prinzipiell nicht heiß, sondern warm und im Sommer lauwarm.

Der Versuch, die Busecca, die Kutteln alla napoletana, die Peperonata und das Zwiebelgemüse einmal fünfzehn bis dreißig Minuten vor dem Essen vom Feuer zu nehmen und abkühlen zu lassen, lohnt sich.

LAUCH MIT VINAIGRETTE

Als Kind mochte ich Lauchgemüse nicht. Genauso wenig wie Blumenkohl, Krautstiele, Kohlrabi und Schwarzwurzeln, alles Gemüse, die an einer weißen Sauce auf den Tisch kamen. Das Einzige, was mich mit dem Lauch versöhnte, war der feine Saucisson aus dem Welschland, der dazugehörte. Manchmal gab es aber auch kalten Lauch an einer Vinaigrette zur Vorspeise, und das war für uns jedes Mal ein Festessen.

Die schönen weißgrünen Lauchstangen an der Vinaigrette hatten mit dem penetranten Gemüse an der weißen Sauce wirklich nur den Namen gemeinsam. Dies lässt sich vermutlich damit erklären, dass Lauch, den man im Salzwasser kocht, erkalten lässt und mit einer Vinaigrette übergießt, seinen ausgeprägten Eigengeschmack verliert und ein mildes und zugleich würziges Aroma bekommt. Ich bin bei meiner Vorliebe für die lauwarmen bis kalten Lauchstangen geblieben, die sich als Vorspeise ebenso gut eignen wie als Beilage zu grilliertem Fleisch oder auch als kleine Mahlzeit, die man mit einem guten Käse abrundet.

Man kann diesen Lauch übrigens – ähnlich wie Spargel – auch mit einer Mayonnaise servieren, und ich glaube, dass viele Feinschmecker den Lauch dem Spargel gleichstellen würden, wenn ein Kilo Lauch so teuer wäre wie ein Kilo Spargel.

Für vier Personen braucht man
8 mitteldicke Lauchstangen (ca. 1 kg)
Salzwasser
1 hartgekochtes Ei
etwas Petersilie
1 kleine Zwiebel
1 kleine Salzgurke
1 Esslöffel Kapern
2 Esslöffel Essig
4 Esslöffel Öl
Salz, Pfeffer

Die meisten Hausfrauen schneiden beim Rüsten des Lauchs zu viel Grün weg. Kein Geringerer als Paul Bocuse hat einmal am Fernsehen erklärt und gezeigt, dass man die Lauchstangen nicht abschneiden soll, wo ihre hellgrüne Farbe ins Dunkelgrün übergeht, sondern erst dort, wo ihre Blätter holzig werden. Zum Waschen schneidet man sie der Länge nach ein, damit das Wasser zwischen die Blätter eindringen kann, und lässt sie dann – auch dieser Tip stammt von Bocuse – im heißen Wasser «ein Bad nehmen», damit sich der Schmutz gut lösen kann. Dann kocht man sie im Salzwasser während zehn bis zwanzig Minuten, je nach der Dicke der Stangen, lässt sie gut abtropfen und legt sie in eine flache Schüssel. Für die Vinaigrette hackt man Ei, Zwiebel, Petersilie, Salzgurke und Kapern nicht allzu fein und mischt alles unter die Salatsauce, die man aus Essig, Öl, Salz und Pfeffer zubereitet und über die abgekühlten Lauchstangen gießt.

LINSENSUPPE

Die Linsen gehören zu den wenig geliebten Wintergemüsen meiner Kindheit, die ich später zusammen mit den weißen Rüben, dem gehackten Wirz und dem Erbsenpüree vergessen habe. Ich habe sie aber wieder in meinen Speisezettel aufgenommen, seit wir auf einer Reise abends spät ins Haus von Freunden kamen, wo es nur Konserven gab, und zwar je ein paar Dosen Hackbraten, Fleischkügelchen und Linsen. Ich überließ meinen Freunden das Fleisch und kochte aus dem Linsengemüse ein Linsensüppchen, das ich mit einem Bouillonwürfel, etwas Rotwein und viel Pfeffer – anderes war in der unwirtlichen Küche nicht aufzutreiben – würzte. Wir waren hungrig – sicher; aber es war nicht nur der Hunger, der uns die Suppe so schmackhaft machte: es war eine Wiederentdeckung der Linsen. Und als ich dann selber noch hungrig war und zuschauen musste, wie meine Freunde lustlos in ihren gehackten Fleischgerichten stocherten, schlug ich vor, noch mehr Linsensuppe zu kochen. Der Vorschlag wurde begeistert angenommen, und wir haben an jenem Abend zu viert fünf Dosen Linsengemüse als Suppe gegessen, dazu Rotwein getrunken und nachher gut geschlafen.

Seither koche ich wieder regelmäßig Linsensuppe, und zwar nach dem Rezept eines bürgerlichen Kochbuchs, das ich nach meinem Geschmack nach und nach verändert habe. Ich verwende meistens die kleinen roten Puy-Linsen aus der Auvergne, die man in Spezialgeschäften kaufen kann; sie haben nicht die etwas mehlige Konsistenz der gewöhnlichen Linsen und sind in vierzig Minuten weich (dabei werden sie hellbeige).

Für vier Personen braucht man

300 g Linsen

100 g Speckwürfel von gesalzenem Speck

2 Esslöffel Öl

1 Zwiebel

1 Knoblauchzehe

1 Sträußchen Petersilie

wenig Sellerieblätter

1 Karotte

2 dl Rotwein

1 l Fleisch- oder Knochenbrühe

1 Esslöffel Weinessig

1 Teelöffel Zucker

Salz, Pfeffer

ev. Cayennepfeffer

Die Linsen werden gut verlesen, in einem Sieb durchgespült und über Nacht in kaltem Wasser eingeweicht. Am nächsten Tag brät man die Speckwürfel im Öl glasig, gibt Zwiebel, Karotte, Petersilie, Knoblauch und Sellerieblätter, gewaschen und fein geschnitten, bei, dämpft alles gut durch und löscht zuerst mit dem Rotwein und dann mit der Fleisch- oder Knochenbrühe ab, gibt die abgetropften Linsen bei, stellt nach dem Aufkochen die Hitze klein und lässt in einer halben Stunde weichköcheln. Dann würzt man mit Salz,

Pfeffer, Zucker und Weinessig und, wenn man es scharf mag, mit wenig Cayennepfeffer und lässt noch fünf bis zehn Minuten weiterkochen. Die Linsen sollen weich, aber noch schön ganz sein.

Sehr gut schmeckt diese Suppe mit einem Löffel Sauerrahm garniert. Eine vollständige Mahlzeit bekommt man, wenn man in der Suppe Schweins- oder Debreczinerwürstchen mitkocht.

ORANGEN- UND ZITRONENSALAT

Es war auf einer Ferienreise in Sardinien. Beim Abendessen in einer Trattoria von Cagliari sahen wir zu unserer Überraschung, wie der Herr am Nebentisch – zweifellos ein Einheimischer – die Orangenscheiben, die ihm der Kellner schön arrangiert auf einem flachen Teller gebracht hatte, mit Pfeffer, Salz, Öl und Essig würzte und diesen für unsere Begriffe so merkwürdigen Salat genießerisch zum Nachtisch verspeiste.

Jahre später begegnete mir dieser Salat wieder in Rom, wo ich als Gast des Schweizer Instituts ein halbes Jahr verbrachte. Nerina, die brummige und gutmütige Köchin, die für ihre «Ragazzi» mit bescheidensten Mitteln köstliche Mahlzeiten zauberte, gab als Beilage zu den «Polpette» (kleine Hackbeefsteaks) fast immer Orangensalat, den sie mit schwarzen Oliven garnierte. Mit der Zeit wurde das für uns zu einer klassischen Kombination.

Orangensalat als Dessert oder Fleischbeigabe ist für unsere Essgewohnheiten vielleicht aber doch etwas allzu fremdländisch. Ich selber muss gestehen, dass ich, seit ich wieder in der Schweiz bin, mich nie dazu entschließen konnte, mir oder meinen Gästen diese Überraschung zu machen. Als Vorspeise finde ich dagegen einen pikanten Orangensalat ideal.

Für vier Personen braucht man
4 mittelgroße, nicht zu süße Blondorangen
schwarze Oliven
100 g Ricotta oder Mozzarellakäse
(wie man sie in italienischen Lebensmittelgeschäften findet)
1 Teelöffel Weinessig
2 Esslöffel Olivenöl
Pfeffer und Salz

Man schält die Orangen sorgfältig, halbiert sie und schneidet sie dann in feine Scheiben. Die Oliven werden entsteint und halbiert. Die Ricotta oder den Mozzarellakäse zerteilt man in kleine Stücke. Dann vermischt man diese Zutaten mit der Salatsauce und lässt vor dem Servieren mindestens eine halbe Stunde ziehen.

Ebenso gut, vielleicht noch aparter, schmeckt der Zitronensalat. Ein Salat nicht mit Zitronensaft, sondern aus Zitronenscheiben, die mit Olivenöl, Salz und Pfeffer angemacht werden. Das hört sich ausgefallen an; aber man muss es ausprobieren, bevor man es ablehnt. Ich finde diesen Salat, den ich in Sizilien kennen gelernt habe, herrlich, selbst mit den etwas zu wenig ausgereiften und deshalb zu viel Säure enthaltenden Zitronen, wie sie bei uns auf den Markt kommen. Der Zitronensalat verträgt keine Beimischung anderer Zutaten, höchstens ein wenig Senf in der Salatsauce.

OSSOBUCO NACH MAILÄNDERART
Ein deutscher Gast, dem ich Ossobuco, eines meiner Lieblingsgerichte, kochte, sagte mir später im Vertrauen – er selber ist ein ausgezeichneter Koch –, das schmecke schon sehr lecker, nur verschwinde darin leider der Geschmack des Kalbfleischs, und gab mir dann das Rezept der glasierten Kalbshaxe, wie sie in

Deutschland zubereitet wird. Der Gast hatte recht, und wenn ich dennoch bei meinem italienischen Ossobucorezept geblieben bin, so, weil ich mit dem allzu zarten Eigengeschmack des Kalbfleisches nicht besonders viel anfangen kann und die glasierte Kalbshaxe eine ziemlich fade Sache finde. Beim Nachdenken über die verschiedenen Fleischsorten ist mir dann auch aufgefallen, dass das Kalbfleisch in der italienischen Küche – mit Ausnahme der Piccata milanese, die jedoch zum aromatischen Safranreis serviert wird – nur stark gewürzt vorkommt: mit Thon (vitello tonnato), mit Salbei und Rohschinken (Saltimbocca alla romana), mit Peperonata (Scaloppina alla pizzaiola) oder Marsala (Scaloppina al marsala). Der Ossobuco bezieht seinen kräftigen Geschmack von Gemüsen und Tomatenpüree.

Für vier Personen braucht man
4 Kalbshaxen
1 mittlere Zwiebel
1 Büschel Petersilie
1–2 Karotten
wenig Sellerieblätter
50 g Kochbutter
2 Esslöffel Tomatenpüree
½–¾ l Fleischbrühe

Das Gemüse wird sehr, sehr fein geschnitten (es darf nach zweieinhalb Stunden Kochzeit in der Sauce nicht mehr sichtbar sein) und in der flüssigen Butter leicht angedämpft. Dann gibt man die Kalbshaxen dazu und brät sie langsam goldbraun. Man löscht mit einem Glas heißer Fleischbrühe, in dem man das Tomatenpüree aufgelöst hat, ab und gibt danach weiter heiße Fleischbrühe dazu, bis die Kalbshaxen bedeckt sind. Diese Sauce lässt man auf mittlerem Feuer zugedeckt so stark einkochen, bis sie konzentriert und sämig und zum größten Teil vom Fleisch absorbiert ist. Dabei ist es ratsam, alle fünfzehn Minuten nachzusehen, ob noch genug Flüssigkeit vorhanden ist, und eventuell heiße Fleischbrühe nachzugießen. Wenn sich das Fleisch vom Knochen löst – das ist ungefähr nach zweieinhalb Stunden der Fall –, ist es gar. Sollte die Sauce dann zu dünn sein, lässt man sie ohne Deckel noch etwas einkochen.

Das ist ein Gericht, das nur geduldigen Köchen gelingt, die sich Zeit nehmen, das Gemüse fein zu schneiden, und während der Kochzeit in der Küche bleiben, um immer wieder zu kontrollieren, wie weit die Sauce eingekocht ist.

Zum Ossobuco passen Polenta, Risotto oder auch Kartoffelstock.

PANIERTE AUBERGINEN

Das ist das einfachste und deshalb wahrscheinlich das beste der drei Auberginenrezepte, die ich regelmäßig koche; auf jeden Fall: wenn ich wählen müsste, ob ich eine Woche jeden Tag panierte oder gefüllte Auberginen oder Auberginen alla parmigiana essen soll, so würde ich mich ohne Bedenken für die panierten Auberginen entscheiden. In ihnen kommt der eigenartige, zartbittere Geschmack dieser Mittelmeerfrüchte, die man schon um ihrer schönen violetten Farbe willen zu kaufen Lust hat, am besten zur Geltung. Ich koche sie deshalb selten als Beilage zu Fleisch, sondern als selbständige Mahlzeit, die man nur durch ein Glas Rotwein ergänzt.

Für vier Personen braucht man
4 mittlere bis große Auberginen (so viel braucht man, damit man sich richtig satt essen kann)
Weißmehl
2 Eigelb
Paniermehl
Erdnussöl

Das Panieren ist eine Kunst, die gelernt und geübt sein will. In einer Schüssel verquirlt man die beiden Eigelb und verdünnt sie mit etwas kaltem Wasser, dass die Flüssigkeit schön gleichmäßig wird. Dann schüttet man Weißmehl und Paniermehl auf zwei flache Teller, und die Arbeit kann beginnen. Zuerst werden die Auberginenscheiben im Mehl gewendet – je besser man das Mehl anklopft, desto besser haftet das Eigelb –, dann dreht man sie im Eigelb und zuletzt im Paniermehl, das wieder besonders gut angeklopft werden muss, damit sich die Kruste beim Backen nicht löst.

Sind alle Scheiben sorgfältig paniert, erhitzt man das Öl in der Bratpfanne. Es wird nicht schwimmend, aber in reichlich Öl gebacken. Wenn das Öl brutzelt, stellt man die Flamme auf mittlere Wärme zurück und bäckt die erste Portion Auberginen in zwei bis drei Minuten goldgelb und knusprig, indem man die Scheiben dazwischen einmal mit Bratgabel und Bratschaufel wendet. Man lässt sie gut abtropfen, richtet sie auf einer großen flachen Platte an, bestreut sie mit Salz und stellt sie im Backofen warm, bis die nächste Portion fertig gebacken ist. Das Backen braucht Geduld und Fingerspitzengefühl, und wenn man eine Pfanne mit frischen Scheiben belegt, stellt man die Flamme jeweils für kurze Zeit größer, weil das Öl dabei abgekühlt wird.

Man entkorkt eine Flasche guten Chianti, und wenn der Auberginenberg fertig ist, setzt man sich gleich zu Tisch; denn das ist ein Gericht, das heiß gegessen sein will.

PIEMONTESER RINDFLEISCH

Weil es in der italienischen Küche keine dünnflüssigen Saucen gibt, sondern nur aromatische Reste eingekochter Flüssigkeit, die einen Ossobuco oder einen Schmorbraten erst zur Delikatesse machen, fehlen auch die Eintopfgerichte, in deren Flüssigkeit Fleisch und Gemüse miteinander schmoren. Und doch kommt der beste Eintopf, den ich kenne, aus Italien – aus dem Piemont, wo sich die einfache Tradition Italiens auf wunderbarste Weise mit dem Raffinement französischer Kochkunst verbindet. Es ist ein sozusagen trockener Eintopf, dessen Bestandteile nicht in der Sauce, sondern in der heißen Luft gar werden. Seinen feinen Geschmack hat er vom Mark, das anstelle von Öl oder Butter verwendet wird.

Für vier Personen braucht man
4–5 Markknochen
800 g – 1 kg Rindfleisch von der Huft,
in mittelgroßen Würfeln
3–4 Kartoffeln

3–4 Karotten

1 Zwiebel

wenig Sellerieblätter

1 Sträußchen Petersilie

Salz und Pfeffer

Man löst das Mark aus den Knochen und schneidet es in dünne Scheiben. Die Kartoffeln und die Karotten schält man und schneidet sie ebenfalls in Scheiben. Zwiebel, Sellerieblätter und Petersilie werden fein verwiegt (ein bisschen Petersilie reserviert man für das Ende der Kochzeit). Eine feuerfeste Form füllt man mit der Hälfte der Zutaten in folgender Reihenfolge: Mark, Fleisch, Salz und Pfeffer, Kartoffeln, Karotten, Zwiebel, Sellerieblätter, Petersilie, und gibt dann den Rest in derselben Reihenfolge hinzu. Man bedeckt die Form mit einer Alufolie und dem Deckel, stellt sie bei niedrigster Hitze in den Backofen und lässt zwei bis zweieinhalb Stunden kochen. Fünf Minuten vor dem Servieren nimmt man den Deckel ab, bestreut mit der restlichen Petersilie und lässt noch kurz ungedeckt weiterdünsten. Dieser Eintopf ist so vollständig und wohlschmeckend, dass man dazu höchstens noch einen Salat essen kann.

PILZRAGOUT

Pilze sind das billigste oder das teuerste Gemüse, je nachdem, ob man sie selbst im Wald sucht oder auf dem Wochenmarkt kauft, wo zweihundert Gramm Edelpilze wie Steinpilze, Maronenröhrlinge oder Eierschwämme sicher mehr kosten als eine Portion Rindsfilet. Dass das Pilzesammeln zu den schönsten Leidenschaften gehört, weiß ich aus eigener Erfahrung: ich hätte weder den Birmensdorfer Wald noch den Schwarzwald, weder die Berghänge des Misox noch die Hügel des Malcantone kennengelernt, wenn man dort im Herbst nicht Pilze fände.

So gut ein gegrillter Steinpilz, ein panierter Parasol oder in Butter gebratene schneeweiße Boviste schmecken – das Pilzgericht, das alle andern übertrifft, ist ein gemischtes Pilzgemüse, in dem sich die verschiedenen Pilzaromen gegenseitig so bereichern und durchdringen, dass man die Essenz des Waldes auf der Zunge zu schmecken glaubt.

Für vier Personen braucht man
600–800 g gemischte Pilze
50 g Butter
1 kleine Zwiebel
½ Glas Weißwein
1 Messerspitze Bouillonwürze

1 Esslöffel feingehackte Petersilie
3–4 Esslöffel Rahm
Salz, Pfeffer
evtl. 1 Zweiglein Rosmarin

Man putzt die Pilze sorgfältig mit dem Messer und schneidet sie in nicht zu kleine Stücke. Waschen soll man die Pilze prinzipiell nicht; sie wachsen ja in ungedüngter Walderde. In einer Bratpfanne dünstet man die feingeschnittene Zwiebel leicht an, gibt die Pilze dazu und rührt sie auf mittlerem Feuer ein paar Mal um, bis sie zusammenfallen. Dann löscht man mit dem Weißwein ab, fügt die Messerspitze Bouillonwürze, die gehackte Petersilie und den Rosmarin bei und schmeckt mit Salz und Pfeffer ab. Nun lässt man das Ragout noch ungefähr fünf Minuten auf kleinem Feuer köcheln und vermischt es vor dem Anrichten mit dem Rahm.

Meine Erfahrung hat mir gezeigt, dass die Bouillonwürze das Aroma der Pilze intensiviert, ohne dass man sie auch nur im geringsten wahrnehmen würde. Anstatt mit einer Zwiebel kann man die Pilze auch zusammen mit Knoblauch dünsten; Rosmarin ist dagegen das einzige Kraut, das den Pilzgeschmack harmonisch ergänzt.

Die Pilze sind im Geschmack und in der Konsistenz ein ausgesprochen widerstandsfähiges Gemüse; deshalb kann man sie ohne weiteres im Voraus zubereiten und kurz vor dem Servieren erwärmen.

Wer die teuren Wildpilze auf dem Markt oder im Laden kaufen muss, kann sie ohne weiteres mit Zuchtchampignons strecken. Und schließlich kann man auch im Winter ein feines Pilzgericht zusammenstellen, indem man dazu gemischte Zuchtpilze wie Champignons, Austernseitlinge und Riesenträuschlinge verwendet, zu denen man auch getrocknete Steinpilze oder Totentrompeten geben kann, die man zuvor in lauwarmes Wasser eingelegt hat.

Zum Pilzragout passen Polenta, Trockenreis und mit wenig Öl gebratene Kartoffeln. Mir schmeckt es am besten mit Nudeln.

QUAGLIE

Das Rezept der gebratenen Quaglie – so heißen in Italien die Wachteln – wird manche Leser auf den ersten Blick befremden, weil man hierzulande eine ganz unbegründete Abneigung gegen das Essen von kleinen Vögeln hat, während man größere Vögel – vom Huhn über die Ente bis zur Gans und zum Fasan – ohne Hemmungen verspeist. Vielleicht liegt diese merkwürdige Inkonsequenz darin begründet, dass man die kleinen Vögel liebt, weil sie so schön singen können, während die großen Vögel bloß gackern, schnattern oder gurren. Aber ich finde, das sind willkürliche Abgrenzungen – die armen Tiere können ja nichts dafür, dass die Natur sie nicht besser bedacht hat –, und ich bin der Meinung: entweder isst man Fleisch, Vögel und Fische ohne Unterschied, oder dann ist man konsequent und wird Vegetarier. Dazu kommt, dass die Wachteln, die man heute bei uns auf dem Wochenmarkt und in Spezialgeschäften kaufen kann, nicht, wie man es uns, als wir noch Kinder waren, erzählt hat, von hinterlistigen Schützen abgeknallt oder gar mit grausamen Leimruten gefangen, sondern genau wie die Hühner in großen Farmen gezüchtet werden. Man kann also ruhig auf falsche Sentimentalität verzichten und seinen Speisezettel um eine köstliche Spezialität bereichern.

Die Zubereitung der Wachteln ist sehr einfach; sie verlangt aber die beiden Haupttugenden, die die Grundlage des Kochens sind: Geduld und Aufmerksamkeit.

Für vier Personen braucht man
8 Wachteln, vom Metzger zubereitet

4 dünne Tranchen gesalzenen Speck
reichlich Salbeiblätter
Butter und Olivenöl

Man erhitzt in einer großen Gusseisenpfanne die Mischung aus reichlich Öl und Butter (das Öl verhindert das Anbrennen und die Butter gibt den feinen Geschmack) und brät die Wachteln bei sanfter Hitze, indem man sie hie und da wendet, in ungefähr dreißig Minuten gar. Je sanfter die Hitze und je länger die Bratzeit, desto feiner schmecken die Vögel am Ende. Klassische Zugabe: Polenta.

QUITTENGELEE

Früher stand in jedem Garten ein Quittenbaum und ließ im Herbst seine goldenen Früchte im grünen Blattwerk leuchten. Und unsere Großmütter und Urgroßmütter wussten, wie man die Quitten zu aromatischem Gelee, zu saftigem Mus und zu feinem Konfekt verarbeitet.

Dass man die Quitten mit ihrem unvergleichlich feinen Duft nicht roh essen kann, hat mich immer etwas irritiert und vermutlich dazu angeregt, jedes Jahr im Spätherbst Quittengelee zu kochen, obwohl ich sonst keine Konfitüre koche und auch selten Konfitüre esse. Bei den Quitten mache ich eine Ausnahme, weil ich ihr einzigartiges Aroma nicht vergessen möchte und auch das goldene Hellrot des lockeren, glänzenden Gelees besonders schön finde. Ich mache auch Quittengelee, weil ich im Herbst von Freunden stets Quitten geschenkt bekomme, und vermutlich spielt bei meinem novemberlichen Einmachvergnügen ebenfalls eine Rolle, dass bei diesem Gelee nichts schief gehen kann; die Quitten sind nämlich ideale Geleefrüchte: sie enthalten so viel Pektin, dass das Gelee auch ohne Gelierzucker sozusagen unfehlbar fest wird. Das gilt ganz besonders für mein Rezept, das auf einem Doppelkonzentrat von Quitten beruht.

Man reibt ein Kilogramm Quitten mit einem Tuch gründlich ab, schneidet sie in Achtel, gibt eine in Viertel geschnittene Zitrone bei, setzt sie mit Wasser bedeckt auf den Herd und kocht sie zugedeckt weich, was ungefähr vierzig Minuten dauert. Man lässt sie über Nacht stehen und gibt sie dann in ein Haarsieb, damit der Saft ablaufen kann. Aus diesem Quittensaft wird nun nicht, wie allgemein üblich, das Gelee gekocht: man kocht in ihm vielmehr nochmals ein Kilogramm abgeriebene und in Achtel geteilte Quitten weich, lässt sie bis am nächsten Tag stehen, gießt sie durch ein Sieb und kocht den hochkonzentrierten Saft mit gleich viel Zucker zum Gelee ein. Der Saft enthält so viel Pektin, dass er nach zwei bis drei Minuten Kochzeit geliert. Wenn der Saft breit zusammenfließt und an der Kelle als Tropfen hängen bleibt, ist es so weit. Man füllt das Gelee sofort in kleine, saubere, heiß ausgespülte Gläser, die man auf ein feuchtes Handtuch stellt, damit sie nicht springen. Dann verschließt man sie mit Zellophanpapier.

Es ist ratsam, die Quitten so früh als möglich zu kaufen, weil sie erntefrisch am meisten Gelierstoff enthalten.

RINDSPLÄTZCHEN IM SAFT

Ich kann mir nicht erklären, warum dieses köstliche Rezept, das einst zu den Grundpfeilern der einfachen bürgerlichen Küche gehörte, heute weitgehend vergessen ist. Vielleicht wegen der langen Kochzeit? Weil es so unspektakulär ist? Oder weil der klassische Zweiklang von Rindfleisch und Zwiebel heute nicht mehr so beliebt ist wie früher? Für meine Küche habe ich den Zweiklang in einen Dreiklang verwandelt, indem ich die Zwiebel mit Petersilie vermische.

Für vier Personen braucht man

1-2 Esslöffel Öl

600-800 g dünne Rindsplätzchen

Salz, Pfeffer

2 mittlere Zwiebeln

1 Sträußchen Petersilie

Zuerst verwiegt man Zwiebeln und Petersilie fein und würzt die Plätzchen mit Salz und Pfeffer. Dann gibt man das Öl in eine Gusseisenpfanne oder in einen Steinguttopf und schichtet lagenweise Plätzchen und Zwiebel-Petersilie-Mischung ein. Die erste und die letzte Lage muss aus Fleisch bestehen. Nun braucht man den Topf nur noch zuzudecken; alles Übrige besorgt die kleinste Gasflamme, der man das Gericht nun für zwei Stunden überlassen kann. Wenn man die Plätzchen länger auf dem Herd lässt, schadet es nicht; ich glaube, sie können gar nicht anbrennen. (Ich habe sie einmal auf dem Herd vergessen, weil ich einer Einladung ins Restaurant folgte, und als ich nach vier Stunden zurückkam, war immer noch viel brodelnder Saft in der Pfanne, und am andern Tag schmeckte das Fleisch ausgezeichnet.)

Dieses Gericht verlockt mich wie wenig andere zum Variieren. Manchmal gebe ich zur Zwiebel-

Petersilie-Mischung ein paar getrocknete Steinpilze, die ich vorher in lauwarmem Wasser eingeweicht habe. Manchmal ersetze ich die Petersilie durch Sellerieblätter. Und ganz besonders gern habe ich die Rindsplätzchen mit einer Zwischenschicht von nichts anderem als gehackten grünen Peperoni (eine genügt; Peperoni geben mehr Saft ab als die Zwiebel).

Am besten schmeckt zu den Rindsplätzchen ein luftiger Kartoffelstock; wenn es rasch gehen muss, kann man sich auch mit Brot und einem Salat als Beigabe begnügen.

RISOTTO MIT STEINPILZEN

Diese schlichte und köstliche Mailänder Spezialität wird in Oberitalien von reich und arm geschätzt, genau wie die Zwiebelsuppe in Paris und die Pizza in Neapel, mit dem Unterschied allerdings, dass diese beiden letztgenannten kräftigen und derben Speisen weder das reiche Aroma noch die leichte Bekömmlichkeit eines echten Mailänder Risottos haben. Der Risotto kann Vorspeise oder Hauptgericht sein, und er gibt einer Nacht, in der man gefeiert, getrunken und getanzt hat, einen würdigeren Abschluss als der bei uns weitverbreitete Würstchentopf. Dazu kommt,

dass man seine unverderblichen Zutaten stets vorrätig haben kann. Für sein Gelingen ist nichts nötig als zwanzig Minuten ungeteilter Aufmerksamkeit am Kochherd.

Für vier Personen braucht man
80 g Butter
1 kleine Zwiebel
400 g Vialone-Reis
1 Glas Wein
1 Handvoll getrocknete Steinpilze
1 1/2 l Hühner- oder Fleischbrühe (auf kleinem Feuer leise köchelnd)
1 Prise Safranfäden oder Safranpulver
Pfeffer
80 g geriebenen Parmesan

Man lässt die Hälfte der Butter flüssig werden, bis sie goldbraun ist und der Schaum sich zurückbildet, und dämpft darin die feingehackte Zwiebel; dann gibt man den Reis dazu und röstet ihn gut. Darauf löscht man mit dem Wein ab (ich ziehe Rotwein seines kräftigeren Geschmacks wegen vor; Weißwein dagegen bewahrt dem Gericht seine schöne gelbe Farbe besser) und gießt, sobald er verdunstet ist, die in heißem Wasser eingeweichten Steinpilze samt dem

Einweichwasser dazu, damit der Reis zuerst das Pilzaroma annimmt. Dann löscht man immer wieder mit wenig heißer Fleischbrühe ab und wartet jedes Mal, bis der Reis die Flüssigkeit ganz aufgesogen hat. (Am besten schmeckt natürlich eine selbstgemachte Fleischbrühe.) Wichtig ist, dass man den Risotto vom Anfang bis zum Schluss auf starkem Feuer kocht und dabei häufig rührt, damit er nicht anbrennt. Deshalb sollte man auch alle Zutaten am Anfang bereitstellen und während der Zubereitung nicht versuchen, den Salat zu waschen oder den Tisch zu decken. Ob dieses ständige Rühren und Zugießen von nur wenig Flüssigkeit aufs Mal einen besonderen chemischen Kochprozess auslöst oder einfach als Konzentrationsübung wirksam ist, weiß ich nicht; aber es macht zweifellos, neben erstklassigen Zutaten (das gilt vor allem für die frische Butter und den gut gelagerten Parmesankäse), das Geheimnis eines guten Risottos aus. Nach einer Viertelstunde streut man die Messerspitze Safran darüber und muss dann während der letzten fünf Minuten Kochzeit gut Acht geben, dass man den Übergang vom harten zum körnigen Reis nicht verpasst. Zu diesem Zweck ist es ratsam, nur noch ganz kleine Mengen Flüssigkeit hinzuzugeben und immer wieder eine Gabel Reis zu versuchen. Dann nimmt man den Risotto vom Feuer, vermischt ihn mit der restlichen Butter, dem Parmesan und Pfeffer, deckt ihn zu und lässt ihn zwei bis drei Minuten ruhen, damit Butter und Käse schmelzen können.

Das ist ein in seiner Schlichtheit so vollkommenes Gericht, dass man es eigentlich ohne jede andere Beigabe mit einem Glas guten Rotwein genießen sollte.

SARDELLENBRATEN

Das Essen mit einem Braten ist von einer Atmosphäre der Gemütlichkeit umgeben. Sie kommt sicher zum Teil daher, dass die Portionen hier nicht abgemessen sind. Man kann abschneiden, bis man satt ist. Wer klug disponiert, kauft sich einen Braten für zwei Mahlzeiten. Auch kalt aufgeschnitten oder aufgewärmt schmeckt er gut. Dazu kommt, dass ein Braten nicht in fünf Minuten von der Pfanne auf den Tisch kommt, sondern Zeit und Sorgfalt braucht, was Familie und Gästen das angenehme Gefühl gibt, dass sie in Ruhe erwartet wurden und willkommen sind.

Dabei ist zu sagen: die Zeit, die ein Braten braucht, bis er gar ist, muss durchaus nicht mit der Zeit zusammenfallen, die eine Hausfrau für ihn aufzuwenden hat; es sei denn, es handle sich um den klassischen Ofenbraten, der alle zehn Minuten begossen sein will. Es gibt Braten, die man nach einer kurzen und sorgfaltigen Zubereitung ganz der sanften Hitze des Backofens anvertrauen kann. Alle weitere Arbeit wird dann von einer kleinen sparsamen Flamme und von der Zeit geleistet, die für die Köchin Freizeit ist.

Man kann nicht genug solcher Rezepte haben, die die friedliche Atmosphäre von Großmutters Küche in eine Gegenwart hinüberretten, in der immer weniger Frauen im Hauptberuf Hausfrau sind. Die moderne Schnellküche zehrt an Nerven und Portemonnaie, und zudem ist es langweilig, sich selber und seinen Gästen die Plätzchen, Entrecotes und Filets vorzusetzen, die man auch im Restaurant haben kann.

Doch nun das Rezept des friedlichen und aparten Sardellenbratens:

Für vier Personen braucht man
1 kg Rindfleisch zum Braten
Pfeffer, Salz und eine Knoblauchzehe
4 Esslöffel Öl
Saft von einer Zitrone und einer Orange
1 Dose Sardellenfilets
4–5 kleine Zwiebeln oder Schalotten

2–3 kleine halbierte Karotten
30 g frische Butter

Man gießt das Öl in den kalten Brattopf und legt das mit Pfeffer und Knoblauch eingeriebene Fleisch hinein. Die Sardellenfilets verteilt man auf dem Fleisch, gießt den Zitronen- und Orangensaft darüber und gibt die grobgeschnittenen Zwiebeln, die Karotten und ein paar Butterflöcklein dazu, tut den Deckel drauf und lässt alles bei kleinster Hitze (von Anfang an) auf dem Herd zwei bis drei Stunden schmoren.

Das Resultat ist ein köstliches Schmorfleisch (der Ausdruck Braten ist irreführend, da dem Fleisch die Kruste fehlt, deren kräftigen Geschmack die Sardellen allerdings ersetzen) mit einer kräftigen Sauce. Ihr Hauptbestandteil ist der Fleischsaft. Er kann viel besser austreten, weil das Fleisch nicht angebraten wird.

SCHMORBRATEN

Dieses Gericht ist eine lombardische und Tessiner Spezialität – mein eigenes Rezept stammt aus dem Misox – und wird dort als «Brasato» bezeichnet. Mit unserem Schmorbraten hat es eigentlich nur den Kochvorgang des Dämpfens auf kleinem Feuer gemein. Um sein ganzes Aroma zu entfalten, muss dieser Tessiner Schmorbraten sehr viel länger gedämpft werden, als es bei uns im Allgemeinen üblich ist. Deshalb soll man beim Metzger kein allzu zartes und gut gelagertes Stück verlangen, das schon nach eineinhalb Stunden zerfällt. Da ich keine Frühaufsteherin bin, bereite ich einen zum Mittagessen bestimmten Schmorbraten immer schon am Vortag zu. Er wird genau wie die Busecca und das Gulasch durch das Aufwärmen noch viel schmackhafter.

Für vier Personen braucht man
1 kg gespicktes Rindfleisch mit Knochen und Markbein
6–8 kleine Knoblauchzehen
Rosmarin
50 g Fett
1 kleinen Lauch
wenig Sellerieblätter
Petersilie
getrocknete Steinpilze
2–3 Karotten
6–7 kleine Zwiebeln oder Schalotten
1 Glas Rotwein
3–5 dl Fleischbrühe

Der Speck zum Spicken macht das Fleisch nicht nur viel saftiger, sondern bringt zudem den Vorteil, dass die beiden Schmalseiten des Bratens mit Löchern versehen sind, in die man dann auch gleich kleine Rosmarinzweiglein stecken kann. Es ist nämlich nicht ratsam, die ganze Oberfläche des Bratens mit Rosmarin zu bestecken oder zu umbinden, weil die grünen Nadeln im heißen Fett schwarz werden, bevor der Braten eine schöne braune Kruste hat. Die Knoblauchzehen drückt man in kleine Einschnitte, die man mit dem Küchenmesser auf der ganzen Oberfläche macht.

Zuerst werden Knochen und Markbein im heißen Fett dunkelbraun gebraten. Auf jeden Fall machen es die Chefköche so, wie ich von einer Kellnerin erfahren habe, die sehr gut kocht und dabei ab und zu die Bemerkung von den Chefköchen fallen lässt. Dann werden sie herausgenommen, um dem Fleisch Platz zu machen, das man rund herum (auf den Schmalseiten mit dem Rosmarin nur ganz rasch) gut anbrät und zu den Knochen legt.

Nun wird die Flamme ganz klein gestellt. Das Fett muss abkühlen, damit man das Gemüse darin andämpfen kann (Lauch, Sellerieblätter und Petersilie fein geschnitten, die Karotte gescheibelt und die Zwiebeln halbiert). Darauf gibt man Fleisch und

Knochen wieder in den Brattopf, stellt die Flamme größer und löscht mit dem Rotwein ab. Die getrockneten Steinpilze, die vorher gewaschen und fünf Minuten in heißem Wasser eingeweicht wurden, gibt man samt dem Einweichwasser zum Braten und fügt die heiße Fleischbrühe hinzu, so dass die Sauce immer weiterkocht. Sie soll knapp die Hälfte des Bratens bedecken.

Nun dämpft man zweieinhalb bis drei Stunden auf kleinstem Feuer und wendet in dieser Zeit den Braten zwei- bis dreimal. Eine Viertelstunde vor dem Anrichten tranchiert man den Braten, lässt die Sauce, falls sie zu dünn ist, noch etwas einkochen, legt die Bratentranchen wieder in die Sauce zurück und lässt sie zehn Minuten auf kleinem Feuer weiterkochen, damit sie beim Auftragen von der Sauce ganz durchtränkt sind. Ist der Braten gelungen, darf am Ende nur noch ganz wenig flüssige Sauce vorhanden sein – ein köstliches und hochkonzentriertes Gemisch von Kräutern, Gemüse und Fleischsaft.

SCHOKOLADE-SOUFFLÉ

Lange Zeit gab es bei mir keinen andern Nachtisch als Käse und Früchte der Jahreszeit. Heute lasse ich mir diese vernünftige und gesunde Regel durch einige Ausnahmen bestätigen, weil ich immer wieder erlebt habe, wie festlich und anregend ein süßes Dessert wirkt, vor allem wenn man mit Gästen für einen Abend zusammensitzt.

Besonders fein finde ich warme Desserts, die etwas Liebevolles haben, im Gegensatz zu den Eisspezialitäten, die heute fast überall vorfabriziert aus der Kühltruhe kommen. Ich kenne zwei einfache warme Desserts, die in zwanzig Minuten mühelos fix und fertig zubereitet sind. Das eine ist eine schaumige Zabaione, die ich nicht mit Marsala, sondern mit Weißwein und abgeriebener Zitronenschale zubereite; das andere ein «Soufflé au chocolat», das nur zwölf Minuten Backzeit hat. Außen ist es dann knusprig wie ein Schokoladekuchen, innen dagegen wunderbar luftig und cremig. Der Kontrast zwischen der festen und der halbflüssigen Schokoladenmasse gehört zum Reiz dieses Soufflés; deshalb muss man beim Schöpfen darauf achten, dass jeder Tischgenosse beide Konsistenzen auf seinem Teller hat.

Dieses Dessert habe ich zum ersten Mal in Basel gegessen, beim Kunsthistoriker und Koch Andreas Morel, der mir erzählte, dass sein Vater einmal mit einem Bekannten wettete, man könne ein Soufflé auch ohne Mehl zubereiten, und diese Wette mit dem

«Soufflé au chocolat» gewann. Das Soufflé gerät allerdings nicht mit jeder Schokolade. Morel hat mir zu «Lindt surfin» geraten; ich vermute aber, dass es auch mit andern guten Schokolademarken geht, die einen hohen Kakaobutteranteil aufweisen.

Für vier Personen braucht man
200 g Schokolade (Lindt surfin)
3 gestrichene Esslöffel Zucker
1 Esslöffel Milch
3 Eigelb
6 Eiweiß
20 g Butter
1 Messerspitze Salz

Man löst die Schokolade in der Milch sorgfältig auf und rührt die Hälfte der Butter und die Eigelb dazu. Man schlägt die sechs Eiweiß mit der Prise Salz sehr steif, zieht den Schnee unter die Soufflémasse und gibt sie in die ausgebutterte Form. Man bäckt das Soufflé in dem auf zweihundertdreißig Grad vorgeheizten Backofen elf bis zwölf Minuten und serviert sofort.

SCHWEINSLEBER

Eines meiner liebsten und billigsten Schnellmenus ist: geschnetzelte Schweinsleber und Dreiminutenpolenta. Obwohl ich keine Konservenliebhaberin bin: für die Pelati (die geschälten Tomaten in Dosen) und für die Dreiminutenpolenta mache ich hie und da eine Ausnahme.

Für vier Personen braucht man
500 g geschnetzelte Schweinsleber
1 kleine Zwiebel
50 g frische Butter
Salz, Pfeffer

Wenn ich kleinere Portionen koche, schneide ich die Leber selber, weil sie von der Maschine des Metzgers etwas zu fein geschnitten wird. Ich lasse die Butter in einer Aluminiumpfanne (das Aluminium ist für die Leber ideal, weil es am wenigsten Wärme speichert und so das Hartwerden der Leber verhindert), warte, bis sie goldbraun ist und der Schaum sich zurückgebildet hat, und dünste auf mäßigem Feuer die gehackte Zwiebel gelb. Dann stelle ich das Feuer größer und brate die Leber in zwei bis drei Minuten gar – das braucht ein gutes Auge und Fingerspitzengefühl; denn zum Probieren hat man keine Zeit –, streue Salz und Pfeffer darüber und serviere mit der schon vorher zubereiteten Polenta. Das ist ein Idealrezept, an dem man nichts ändern darf. Man darf den Pfannenfonds weder mit Fleischbrühe noch mit Weißwein noch mit saurem Rahm aufrühren und als Sauce verwenden, sondern muss sich mit den paar Tropfen würzig schmeckender Butter begnügen, die mit der Leber aus der Pfanne kommen.

Ich verwende immer Schweinsleber, und zwar nicht, weil sie viermal billiger ist als die Kalbsleber, sondern weil ich ihren kräftigeren Geschmack demjenigen der Kalbsleber vorziehe.

SENFGURKEN

Schon als Kind habe ich gern saure und salzige Sachen gegessen und fast lieber Cornichons als Pralinen genascht. Diese Vorliebe habe ich beim Kochen und vor allem beim Einmachen bewahrt. Das Einkochen von Konfitüre hat mich nie besonders fasziniert – vermutlich auch, weil ich Freundinnen habe, die mir hie und da selbstgemachte Konfitüre schenken –, jedoch vergeht kein Herbst, ohne dass ich Salzgurken, Essigpilze, Peperoni und Auberginen im Öl oder auch sauersüße Preiselbeeren und Kürbisschnitze einmache. Ich verwende diese pikanten Delikatessen nicht nur als Beigaben zum Siedfleisch, zu Bündnerfleisch, Rohschinken und Salami, sondern auch für Antipasti und, zusammen mit einem Stück Brot und einem Glas Wein, als kleinen Imbiss. Leider werden die selbstgemachten Essigkonserven leicht zu sauer, selbst wenn man einen guten Essig verwendet, und ich habe mich lange gefragt, warum die Salzgurken, die man beim Metzger kauft, viel milder schmecken. Zum Glück habe ich dann bei Theo einmal Senfgurken gegessen, die im sanften Aroma und in der zarten Konsistenz unübertrefflich waren. Sie stammten von seiner Mutter, die mir ihr Rezept aufgeschrieben hat, und seither ist das Gurkenproblem für mich gelöst. Diese Senfgurken, die aus normalen geschälten Gurken und mit gesüßtem Essig hergestellt werden, kann man das ganze Jahr hindurch einmachen, und sie geben zudem viel weniger Arbeit als die klassischen Salz- oder Essiggurken. Das nachfolgende Rezept ist für einen ziemlich großen Steinguttopf gedacht; man kann die Mengenangaben auch halbieren.

Man braucht
20 mittlere Gurken
Salz

100–200 g Senfkörner
2–3 große, grob geschnittene Zwiebeln
60–80 g weiße Pfefferkörner
milden weißen Weinessig
einige Dillblüten

Die Gurken werden geschält, entkernt und in längliche Stücke geschnitten. Man legt sie in einen Steinguttopf, indem man Salz, Pfefferkörner, Zwiebeln und einen Teil der Senfkörner dazwischen streut. Dann gibt man so viel guten, etwas gesüßten Essig darüber, dass die Gurken bedeckt sind, und stellt sie, mit einer Alufolie oder einem Deckel zugedeckt, zehn Tage an einen kühlen Ort. Man schüttet die Gurken samt Essig in einen Kochtopf, lässt sie auf ziemlich lebhaftem Feuer bis kurz vors Kochen kommen, nimmt sie sofort vom Feuer und lässt sie erkalten. Man beschwert die Gurken mit einem Beutel aus Gaze oder Vorhangstoff, den man mit dem Rest der Senfkörner füllt, und legt, je nach der Jahreszeit, auch Dillblüten dazu. Nun verschließt man den Topf mit Pergament- oder Zellophanpapier und stellt ihn in den Keller. Die auf diese Art eingemachten Gurken sind bald gebrauchsfertig und haben ein feines Aroma.

SPAGHETTI

Teigwaren sind für mich Spaghetti, auch wenn ich hie und da an ihrer Stelle Nudeln, Muscheln, Maccheroni, Rigatoni und Bucatini oder verschiedenartig gefüllte Ravioli, Tortellini und Agnolotti koche. Die Spaghetti sind ja auch zweifellos das in der ganzen Welt bekannteste italienische Gericht, und für mich selber waren sie zudem während Jahren das Hauptnahrungsmittel: bevor ich mich fürs Kochen zu interessieren begann, ernährte ich mich fast ausschließlich von Spaghetti, die ich mit frischer Butter und geriebenem Parmesankäse vermischte. Später erfuhr ich zu meiner Überraschung, dass das in Italien «Spaghetti in bianco» heißt und – wie bei uns Schleimsuppe – Leuten mit angegriffenem Magen verabreicht wird. Diese Diät schmeckt mir, wenn ich es eilig habe, heute noch.

Trotz meiner alten Vertrautheit mit dem Spaghetti-Kochen fange ich damit immer erst an, wenn die Sauce schon bereit ist und höchstens der Parmesan – er darf nie auf Vorrat hergestellt oder in Säcklein abgefüllt gekauft werden – noch gerieben werden muss. Die Kochzeit ist kurz (ungefähr zehn Minuten), und wenn die Spaghetti wirklich «al dente» sein sollen, muss man früh genug prüfen, ob sie den kritischen Punkt zwischen hart und weich erreicht haben, das heißt, ob sie den Zähnen noch einen kleinen Widerstand entgegensetzen. Wenn es soweit ist, darf man keinen Augenblick mehr zuwarten und muss sie sofort anrichten.

Alles Übrige ist einfach: auf hundert Gramm Teigwaren rechnet man einen halben Liter schwach gesalzenes Wasser und pro Person hundert bis hundertfünfzig Gramm Teigwaren, je nachdem ob die Teigwaren Vor- oder Hauptspeise sind. Wenn das Wasser kocht, legt man die Spaghetti hinein; man braucht nicht, wie oft gesagt wird, dem Wasser etwas Öl beizufügen, weil eine gute Spaghettisorte nicht verklebt. Beim Anrichten sind die Meinungen allerdings geteilt: es gibt Italiener, die das Abtropfsieb als Barbarei verachten und verlangen, dass man die Spaghetti portionenweise mit einer Gabel aus dem Wasser zieht, weil sie auf diese Weise weniger zerdrückt werden. Sie haben natürlich recht; doch wenn man für mehr als zwei Personen Spaghetti kocht, finde ich diese Methode zu zeitraubend und die Gefahr des Erkaltens größer als diejenige eines leichten Zerdrückens.

SPAGHETTI MIT TOMATENSAUCE
In den Ländern nördlich des Gotthards assoziiert man mit dem Begriff «Spaghetti» sozusagen automa-

tisch denjenigen einer schönen roten Tomatensauce. Die meisten italienischen Hausfrauen verstehen sich tatsächlich sehr gut auf die Zubereitung dieser Tomatensauce – sie wird nicht einfach aus der Tube gepresst, sondern aus verschiedenen Gemüsen und Kräutern destilliert und mindestens eine Stunde gekocht –; aber sie ist im Grunde eine neapolitanische Spezialität und nur eine Sauce unter vielen. Diese Tomatensauce ist für eine mitteleuropäische Hausfrau schon deshalb unnachahmbar, weil ihr die kleinen, fleischigen, an der neapolitanischen Sonne gereiften Tomaten fehlen. Als Ersatz bieten sich ihr heute die Pelati an, die geschälten Tomaten in Dosen, eines der wenigen Produkte der Konservenindustrie, zu denen ich Vertrauen habe, weil ich aus der Erfahrung weiß, dass unsere frischen Tomaten, auch wenn man sie lange einkocht, nicht den Wohlgeschmack und die Konsistenz einer guten Pelati-Sorte erreichen. Deshalb verwende ich auch im Sommer selten frische Tomaten und habe ein Rezept für eine einfache Tomatensauce gefunden, das den Vorteilen der Konserve Rechnung trägt und nicht eine bis zwei Stunden, sondern nur zwanzig Minuten dauert. (Das heißt natürlich Verzicht auf rohes Gemüse wie Karotten und Sellerie, die in Italien zur Tomatensauce gehören.)

Für vier Personen braucht man
2-3 Esslöffel Olivenöl
1 Knoblauchzehe
1 Dose geschälte Tomaten
½ Teelöffel Bouillonwürze
1 Prise Zucker, Salz, Pfeffer
Basilikum
50 g geriebenen Parmesan

Man dünstet den Knoblauch im Öl, löscht mit den geschälten Tomaten ab, gibt die Bouillonwürze dazu und würzt mit Zucker, Salz und Pfeffer. Dann lässt man die Sauce zwanzig Minuten auf kleinem Feuer köcheln. In den letzten drei bis vier Minuten fügt man den von Hand verzupften Basilikum bei.

Vor dem Anrichten nimmt man die Knoblauchzehen heraus und vermischt dann die abgetropften Spaghetti mit der Sauce und dem Parmesan.

SPAGHETTI MIT HACKFLEISCHSAUCE

Die Tomatensauce mit Hackfleisch nennt man bei uns «alla bolognese» (im Gegensatz zur «alla napoletana», der reinen Tomatensauce); in Bologna selber heißt sie «Ragù» (von «Ragout»; sie wird kaum je zu Spaghetti, sondern zu Lasagne serviert). Auch für diese Sauce habe ich mir eine einfache Variante ausgedacht.

Außer den Zutaten für die oben beschriebene Tomatensauce braucht man für vier Personen
200 g gehacktes Rindfleisch (möglichst mager)
schwarzen Pfeffer
1/2 Zwiebel
wenig Tomatenpüree
1 rotes oder grünes Paprikaschötchen, italienisch «peperoncino» (je nach Schärfe und Größe genügt schon die Hälfte oder ein Viertel). Sie sind auch getrocknet und gemahlen erhältlich.

Die Zubereitung ist ähnlich wie diejenige der Tomatensauce; nur wird nach Zwiebel und Knoblauch, beides fein gehackt, das Hackfleisch durchgedämpft, bis es seine rote Farbe ganz verloren hat; dann fügt man nacheinander die geschälten Tomaten, das Tomatenpüree, die Bouillonwürze, Zucker, Salz und Pfeffer dazu, und lässt die Sauce auf jeden Fall vierzig Minuten, wenn möglich aber länger auf kleinem Feuer kochen. Damit sie dabei nicht anbrennt, ist es ratsam, gleich von Anfang an eine Tasse Wasser beizugeben.

Dem Rezept ist warnend beizufügen, dass diese pikante Fleischsauce so appetitanregend ist, dass sie dazu verführt, riesige Portionen Spaghetti zu essen, bis man das Gefühl hat, einigermaßen satt zu sein.

SPAGHETTI AL PESTO

Manche Feinschmecker sind der Ansicht, dass Spaghettisaucen ohne Tomaten delikater sind als solche mit Tomaten. Das ist im Rahmen der italienischen Küche, wo die Tomaten eine Art Universalwürze sind und fast zu jedem Gericht gehören, verständlich. Die berühmteste Sauce ohne Tomaten ist sicher der «Pesto», eine Spezialität von Genua.

Für vier Personen braucht man
2 Büschel Basilikum
3-4 Knoblauchzehen
4-5 Esslöffel Olivenöl
20-30 g frische Butter
50 g geriebenen Parmesan
Salz

Basilikum und Knoblauchzehen werden auf einem Holzbrett fein verwiegt, was Geduld und ein Wiegemesser braucht. In zehn Minuten ist die Mischung so fein, dass man sie in den Mörser geben kann, wo man sie zu einer homogenen Paste zerstößt («pestare» heißt «zerstoßen» und «pesto» das «Zerstoßene»). Dann fügt man das Olivenöl tropfenweise unter gutem Rühren bei – und der Pesto ist fertig. Wenn die Spaghetti al dente gekocht sind, nimmt man sie aus der Pfanne, vermischt sie mit dem Pesto, der frischen Butter und dem frisch geriebenen Parmesankäse und trägt sie auf. Zum klassischen Pesto gehören auch eine Handvoll gehackter Pinienkerne und statt Parmesan Pecorino sardo, ein pikanter Schafskäse. Wer keinen Mörser hat, kann den Pesto auch mit dem Mixer zubereiten.

Der Pesto schmeckt am besten ganz frisch; man kann ihn zwar dank der konservierenden Wirkung des Olivenöls ziemlich lange aufbewahren; er verliert aber jeden Tag etwas von seinem köstlichen Aroma. Das gilt noch viel mehr für die Pestokonserven, die man in Gläsern und Dosen kaufen kann und die geschmacklich nur einen Abglanz der frischen Kräutersauce bieten.

Der Pesto eignet sich nicht nur zum Würzen der Spaghetti; er ist auch eine herrliche Zugabe zur Minestrone oder – statt Kräuterbutter – zum Fleisch.

SPAGHETTI ALLA CARBONARA

Das ist eine echte Römer Spezialität: nahrhaft, kräftig und ein wenig plebejisch. Das Rezept, das ich davon gebe, ist allerdings nicht das ganz schlichte römische, sondern ein wenig raffiniert und schmeckt unvergleichlich. Ich habe es von der Besitzerin des schönsten italienischen Gemüseladens, den ich kenne, und sie hat es ihrerseits von einem der besten italienischen Restaurants in Zürich.

Für vier Personen braucht man
2–3 Esslöffel Olivenöl
½ Zwiebel
100 g Speckwürfel (von gesalzenem Speck)
½ Glas Weißwein
2 Eigelb
100 g Parmesan
Pfeffer

Man brät die Speckwürfel im Öl glasig, stellt das Feuer etwas kleiner, fügt die feingeschnittene Zwiebel bei, dämpft sie, bis sie gelblich ist, und löscht dann mit dem Weißwein ab. In der Teigwarenschüssel verquirlt man die Eigelb, verrührt sie mit dem geriebenen Parmesankäse, gibt die abgelöschten Speckwürfel dazu, fügt noch einen Esslöffel Öl bei, damit die Sauce schön glatt wird, bestreut sie mit Pfeffer und vermischt sie mit den abgetropften Spaghetti.

SPAGHETTI MIT KNOBLAUCH
Das sind die Spaghetti, die ich am liebsten esse und am häufigsten koche, doch nur für mich allein oder für den Freund, von dem ich ihr Rezept habe. Andere

Leute, fürchte ich, würden an den zwei Kartoffeln Anstoß nehmen, die nach diesem Rezept unter die Spaghetti gemischt werden. Ich selber war zuerst misstrauisch, weil die Kombination von Teigwaren und Kartoffeln, die man uns während der letzten Kriegsjahre vorsetzte, zu meinen unangenehmen Kindheitserinnerungen gehört. In diesem Rezept haben die beiden Kartoffeln aber natürlich nicht wie damals die Funktion, die Spaghetti zu strecken, sondern ... ich weiß selber nicht recht, wie ich die Funktion dieser Kartoffeln umschreiben soll, und muss mich etwas hilflos darauf beschränken, sie aus eigener Erfahrung einfach zu loben, und sagen, dass diese Spaghetti mit Kartoffeln unglaublich viel besser schmecken als ohne. Vermutlich liegt es auch daran, dass die Kartoffeln das Aroma von Butter, Knoblauch und Parmesan besser aufsaugen als die Spaghetti.

Für vier Personen braucht man
500 g Spaghetti
2 große Kartoffeln
4 Knoblauchzehen
50 g Butter
50 g geriebenen Parmesan
Pfeffer

Man schält die Kartoffeln, schneidet sie in kleine Stücke und gibt sie fünf Minuten vor den Spaghetti ins kochende Salzwasser. Den Knoblauch schneidet man in dünne Scheiben, und wenn die Spaghetti im Wasser sind, dünstet man ihn in der Butter auf mittlerem Feuer, bis er goldgelb oder goldbraun ist. Dann lässt man die al dente gekochten Spaghetti zusammen mit den sehr weichen Kartoffelstücklein abtropfen und vermischt sie mit der heißen Knoblauchbutter und dem geriebenen Parmesan und bestreut sie reichlich mit Pfeffer.

SPINAT NACH MISOXERART

«Lassen wir den Engländern das Vergnügen, gekochtes Gemüse ohne jede Würze, höchstens mit ein wenig Butter zu essen; wir meridionalen Völker haben das Bedürfnis nach pikanteren Speisen.» Das schreibt Pellegrino Artusi, der plauderfreudige Verfasser des berühmtesten italienischen Kochbuchs, das den schönen Titel trägt: «Die Wissenschaft in der Küche und die Kunst, gut zu essen». In dieser Vorliebe für pikante und, was meist damit einhergeht, nahrhafte Gemüse ist die italienische Küche ihrem bäuerlichen Ursprung treu geblieben.

Die «Universalwürze» ist vor allem in Oberitalien der geriebene Parmesankäse, dessen kräftiges Aroma sich mit dem Eigengeschmack von Blumenkohl, Lauch, Fenchel, Chicorée, Spargel und Spinat zu einer köstlichen Mischung verbindet. Die Zubereitung ist bei allen erwähnten Gemüsen dieselbe: das Gemüse wird im Salzwasser gekocht, dann abgetropft, mit geriebenem Parmesan bestreut und etwas hellbrauner Butter begossen.

Noch nahrhafter ist der Spinat, den die Misoxer Bauern essen. Sein Hauptbestandteil, neben Spinat und Parmesan, sind Eier, die ja eine eigentümliche Affinität zu diesem Gemüse haben, wie auch unser klassischer «Spinat mit Spiegeleiern» zeigt.

Für vier Personen braucht man
1 kg Spinat
4 Eigelb
100 g geriebenen Parmesan
70 g Butter

Der Spinat wird erlesen, gewaschen und in circa einem Viertelliter Salzwasser gekocht. Dann lässt man ihn gut abtropfen – man drückt ihn am besten von Hand aus und verwendet das kräftige Spinatwasser für eine Suppe –, hackt ihn fein und vermischt ihn mit Eigelb und Parmesan. In einer Bratpfanne lässt man fünfzig Gramm Butter goldbraun werden, gibt die Spinatmasse dazu, erhitzt sie unter leichtem Rühren, fügt zwanzig Gramm Butter dazu und wartet dann, bis sich – ähnlich wie bei der «Rösti» – eine leichte Kruste gebildet hat. Dann richtet man an.

SUPPENHUHN UND HUHNSALAT

Ich habe gern Fleischbrühe und gern Hühnerbrühe; aber eine aus Rindfleisch und Hühnerfleisch gemischte Brühe mag ich nicht besonders. Sie kann zweifellos gut schmecken; aber sie verliert den unverwechselbaren Geschmack, der im Fall der Hühnerbrühe zum Beispiel so viel zum Aroma eines guten Risotto beiträgt. Darum wechsle ich zwischen Fleisch- und Hühnerbrühe ab und koche ein Suppenhuhn vor allem dann, wenn ich eigentlich gar keine Zeit zum Kochen habe.

Für vier Personen braucht man
1 Suppenhuhn (tiefgefroren)
1 mit Nelke und Lorbeerblatt besteckte Zwiebel
Petersilie

2 l Wasser
Salz

Das Suppenhuhn kaufe ich immer tiefgekühlt und lasse es über Nacht im Kühlschrank auftauen. Am andern Tag setzt man das Wasser mit der besteckten Zwiebel und der Petersilie auf den Herd, wartet, bis es kocht, salzt dann vorsichtig und gibt das Suppenhuhn dazu, stellt das Feuer klein, deckt den Topf und lässt eineinhalb bis zwei Stunden kochen.

Dann nimmt man das Huhn heraus, stellt es warm und lässt die Brühe, sollte sie noch ein wenig fade schmecken, ohne Deckel einkochen, bis sie kräftig genug ist. Man serviert sie mit feinen Nüdelchen als Suppe, die man mit geriebenem Parmesan bestreut. Auch eine Prise Safran schmeckt gut dazu. Als zweiter Gang folgt das tranchierte Huhn, das man – ähnlich wie Siedfleisch – mit Senffrüchten oder Salsa verde isst. Als Ergänzung genügt ein Salat.

Im Sommer schmeckt das Suppenhuhn auch als Huhnsalat vortrefflich. Auch Pouletreste lassen sich auf diese Weise gut verwerten. Ich habe da zwei ganz verschiedene Rezepte. Zum ersten braucht man die auf Seite 36 beschriebene Salsa verde, die man mit mehr Olivenöl und Zitronensaft etwas flüssiger herstellt und mit dem fein verzupften Geflügelfleisch vermischt. Das muss mindestens eine halbe Stunde vor dem Anrichten geschehen, damit die Sauce das Fleisch richtig durchdringen kann.

Das zweite Rezept ist ein

HUHNSALAT MIT EINEM HAUCH VON EXOTIK
Für vier Personen braucht man
300–400 g Suppenhuhnreste
1 Glas Joghurt
2 Esslöffel Mayonnaise
Zitronensaft
Salz, Cayennepfeffer, Curry
1 saurer Apfel
1 Stück Stangensellerie

Aus Joghurt, Mayonnaise, Zitronensaft und den Gewürzen wird die Sauce angemacht, mit der man das Hühnerfleisch, den Apfel und den Stangensellerie – alles in Würfel geschnitten – vermischt und sofort auf großen Salatblättern serviert.

UNGARISCHES GULASCH

Das Rezept habe ich von einer Photographin ungarischer Herkunft, die vorzüglich kocht und jederzeit für beliebig viele Gäste ein feines Essen auf den Tisch zaubern kann. Ihr und ihrem Höngger Freundeskreis verdanke ich auch den Zugang zu jenem Zürcher Slang, in dem es so einleuchtende Querverbindungen zwischen Küche und Bett gibt wie die Ausdrücke «Pfanne» für «Bett» und «Backen» für «Schlafen».

Das Geheimnis dieses Gulaschrezeptes ist: 1. man verwendet ebenso viel Zwiebeln wie Fleisch, 2. das Gericht wird am Vortag gekocht, erkalten gelassen und vor dem Essen nochmals eine halbe Stunde gekocht.

Für vier Personen braucht man
600 g Rindfleisch, in Würfel geschnitten
1 Esslöffel Fett (Schweinefett schmeckt am besten)
100 g Speckwürfel (von gesalzenem, nicht von geräuchertem Speck)
600 g Zwiebeln
1 Esslöffel Paprika (ich vermische milden roten mit ein wenig scharfem braunem Paprika und bekomme so ein in Farbe und Geschmack befriedigendes Gewürz)
wenig Salz
1 Esslöffel Tomatenpüree
1 Glas Wein

3 dl Fleischbrühe

1 Lorbeerblatt

1 Salbeiblatt

1 Pfund Kartoffeln, in Würfel geschnitten

Man beginnt mit der tränenreichen und langwierigen Arbeit des Zwiebelschneidens. Je feiner man das macht, desto sämiger und homogener wird am Ende die Sauce. Dann erhitzt man einen Esslöffel Fett in einer Gusseisenpfanne, brät die Speckwürfel glasig und gibt das Fleisch dazu, das gut angebraten wird. In einer andern Bratpfanne erhitzt man den Rest des Fetts und dämpft darin die Zwiebeln goldgelb; dann nimmt man die Pfanne vom Feuer, fügt den Paprika bei und dünstet, damit er nicht anbrennt, auf kleinster Flamme zusammen mit den Zwiebeln, dass der Paprika sein Aroma richtig entfalten kann. Darauf gibt man die Paprikazwiebeln zum Fleisch, salzt vorsichtig, gibt das Tomatenpüree dazu, dämpft bei mittlerem Feuer noch ein wenig weiter und löscht dann mit dem Wein ab, gießt die Fleischbrühe nach und fügt Lorbeer- und Salbeiblatt bei.

Nun lässt man das Ganze bei kleinem Feuer zugedeckt eineinhalb Stunden kochen. Am nächsten Tag wärmt man das Gulasch eine halbe Stunde vor dem Essen zusammen mit den Kartoffeln auf. Man kann die Sauce am Schluss noch durch einen Esslöffel Sauerrahm verfeinern.

Da das Gulasch nach jedem Aufwärmen besser schmeckt, lohnt es sich, das doppelte Quantum herzustellen und es das erste Mal zusammen mit Spätzli oder mit Brot als Gulaschsuppe (die Sauce muss in diesem Fall mit heißer Fleischbrühe und etwas Tomatenpüree – für die schöne rote Farbe – verdünnt werden) zu servieren; das zweite Mal wie erwähnt mit Kartoffeln.

VORSPEISEN

Obwohl ich einen feinen Risotto einem zweitklassigen Dîner mit sechs Gängen vorziehe, habe ich eine kleine Schwäche für Vorspeisen, nicht für Suppen, die einem den Magen füllen und den Appetit rauben – Suppen koche ich fast nur als Hauptgericht –, sondern für leichte kleine Speisen, die den Hunger nur etwas besänftigen, ohne ihn zu vertreiben. Und die das Vergnügen des gemeinsamen Am-Tisch-Sitzens auf so angenehme Art verlängern wie Dessert und schwarzer Kaffee.

Meine Lieblingsvorspeisen sind gefüllte Tomaten und gefüllte Schinkenrollen. Sie sind nicht teuer, rasch hergestellt und machen, will man sie nicht als Vorspeisen servieren, zusammen mit einem Salat auch ein gutes Sommerabendessen.

TOMATEN MIT THONFÜLLUNG
Zutaten für vier Personen
4-6 mittlere, feste Tomaten
2 kleine oder 1 große Büchse Thon
½-1 Joghurt
1 kleine, feingehackte Zwiebel
1 Esslöffel Mayonnaise
1 Esslöffel Zitronensaft
Salz
Petersilie und Paprika zum Garnieren

Man schneidet von den Tomaten einen Deckel, höhlt sie aus (das Ausgehöhlte lässt sich für eine Tomatensauce oder eine Minestrone verwenden) und würzt sie mit Salz. Der Thon wird in einer Schüssel mit einer Gabel fein zerpflückt, dann mit Joghurt, Mayonnaise (für Liebhaber fettarmer Kost kann man die Mayonnaise weglassen und durch etwas mehr Joghurt ersetzen), Zwiebel, Zitronensaft und Salz vermischt, und die fertige Masse wird in die Tomaten eingefüllt. Man garniert mit einem Tupfen Paprikapulver und einem Petersilienzweiglein.

SCHINKENROLLEN MIT MEERRETTICHFÜLLUNG

Zutaten für vier Personen
4 Tranchen gekochter Schinken
1 dl Rahm
1 Stück Meerrettich
Salz
Petersilie zum Garnieren

Man schlägt den Rahm steif und vermischt ihn mit dem geriebenen Meerrettich und würzt mit wenig Salz. Diese pikante Masse verteilt man auf die Schinkentranchen, die man dann sorgfältig einrollt und mit Petersilie garniert. Das Rezept verträgt keine Abweichungen: Man muss frischen Meerrettich verwenden, weil der konservierte immer leicht chemisch schmeckt, und man darf den Rahm nicht, wie das oft gemacht wird, durch mit Milch vermischten Quark ersetzen, weil dadurch das duftig Pikante dieser Vorspeise verloren geht.

Beide Vorspeisen serviert man auf einer mit grünen Salatblättern belegten Platte. Diese Salatblätter sollen nicht nur Garnitur, sondern auch essbar sein; deshalb würzt man sie mit Zitronensaft und ein wenig Salz oder Streuwürze.

WINNETOUS TOD

Ich habe dieses Gericht – es handelt sich um einen Bohnen-Fleisch-Eintopf – zum ersten Mal in einer Gesellschaft von hungrigen jungen Leuten gegessen, die neben vielen divergierenden Interessen eine große gemeinsame Leidenschaft hatten: den Wildwestfilm. Ich erzähle das, weil die Erfinderin des Gerichts, ins große Schweigen des Essens hinein nach einem Namen für ihre neue Speise fragte und von einem der Esser prompt und spontan zur Antwort bekam: «Winnetous Tod». Diese wahrhaft inspirierte Namengebung fand so viel Beifall wie die Qualität des Gerichts, das nahrhaft und kräftig und deshalb eine ideale Mahlzeit für kalte Winterabende ist.

Für vier Personen braucht man
200 g Rindfleisch
200 g Schweinefleisch
200 g Magerspeck
150 g große weiße Bohnen
150 g Lima-Bohnen (dunkelrot und weiß gesprenkelt, in Spezialgeschäften oder Warenhäusern erhältlich)
1 Büchse geschälte Tomaten (Pelati)
1 Kaffeelöffel Paprika

½–1 Kaffeelöffel (gestrichen) Cayennepfeffer
1 ½–2 l Knochen- oder Fleischbrühe oder heißes Wasser mit Bouillonwürfeln

Man weicht die Bohnen über Nacht ein und kocht sie am andern Tag im Dampfkochtopf halbgar, was ungefähr zehn Minuten dauert. Dann gibt man sie in einen Brattopf und dünstet sie im Olivenöl bei kleinem Feuer gut durch. Nach etwa zehn Minuten nimmt man den Topf vom Feuer, lässt etwas erkalten und gibt dann Paprika und Cayennepfeffer bei, stellt den Topf wieder auf das kleine Feuer und röstet kurz weiter. Dabei muss man sehr vorsichtig vorgehen, da der Paprika leicht anbrennt. Dann löscht man mit dem Rotwein ab und fügt die geschälten Tomaten und die Hälfte der Fleischbrühe bei und lässt auf kleiner Flamme zugedeckt weiterkochen. Nun wird das Fleisch in einem separaten Topf angebraten. Man braucht dazu höchstens einen Esslöffel Öl, weil der magere Speck noch genug Fett dazu abgibt. Dann gibt man das Fleisch in den Bohnentopf und lässt alles miteinander kochen, bis es weich ist, was kaum länger als eine Stunde dauert. Man braucht sich wegen der Kochzeit dieses robusten Gerichtes auch keine Sorge zu machen, weil weder Fleisch noch Bohnen verkochen können. Deshalb kann man während der eigentlichen Schmorzeit auch ruhig in ein Westernkino gehen, wenn man ein solches in der Nähe hat, um dann beim Genuss von «Winnetous Tod» seine Eindrücke auszutauschen.

ZUCCHETTI UND PEPERONI ALS EINFACHES GEMÜSE

Das erste Gericht, das ich nach Spaghetti mit Butter und Käse, Spiegeleiern und heißen Würstchen kochen lernte, war die bekannte provenzalische «Ratatouille» aus Auberginen, Zucchetti, Tomaten und Peperoni, gewürzt mit Thymian, Basilikum, Salbei und Majoran, und ich glaube, was mich an diesem Gericht so fesselte, war das für naive Köche unwiderstehliche Durcheinander von verschiedenen Aromen. Auch die Zuneigung zu den farbigen südländischen Gemüsen, die mit Ausnahme der Tomaten in der Küche meiner Mutter fehlten und deshalb von einem Hauch von Exotik umgeben waren, mag dabei mitgespielt haben. Diese Zuneigung ist mir geblieben; am Durcheinander habe ich aber keine große Freude mehr, und obwohl ich eine «Ratatouille» gar nicht ungern esse, bin ich – seitdem ich einigermaßen aufmerksam koche – ständig auf der Suche nach Rezepten, in denen der Eigengeschmack der Auberginen, der Zucchetti und der Peperoni sich möglichst unverfälscht – oder durch ausgesuchte Kräuter bereichert – entfalten kann. Ich habe nach Spezialkochbüchern und Frauenzeitschriften gekocht und unter den Resultaten dieser Bemühungen so sehr gelitten wie meine Gäste. Am Ende habe ich resigniert, und die wenigen schmackhaften Rezepte, die mir geblieben sind, stammen alle von südländischen Bekannten, die einfach kochen und für die, was vielleicht noch wichtiger ist, diese Gemüse nichts Exotisches haben.

PEPERONIGEMÜSE
Für vier Personen braucht man
4 Esslöffel Öl
8 mittelgroße bis große grüne Peperoni
Salz

Man schneidet die Peperoni in zwei Hälften, nimmt die Samen heraus, wäscht die Peperoni und schneidet sie in feine Streifen. In einer Pfanne macht man das Öl heiß, gibt die Peperoni dazu und dämpft sie kurze Zeit auf großem Feuer, bis sie Saft ziehen. Dann würzt man sie mit Salz und lässt sie zugedeckt noch etwa zehn bis fünfzehn Minuten auf kleinem Feuer weitergaren.

Dieses schlichte Gemüse schmeckt nach meiner Ansicht besser als die traditionelle «Peperonata», zu der auch Tomaten gehören. Es passt zu den verschiedensten Fleischsorten, am besten aber zu einem Mailänder «Ossobuco» mit Polenta, was auch einen exquisiten Braun-Grün-Gelb-Dreiklang ergibt.

ZUCCHETTIGEMÜSE
Für vier Personen braucht man
4 Esslöffel Olivenöl
8 kleine oder 4 große Zucchetti
Salz
1 kleine Knoblauchzehe
Petersilie

Man wäscht die Zucchetti, halbiert sie der Länge nach und teilt jede Hälfte nochmals der Länge nach in zwei Teile, die man dann in kleine Würfel schneidet. In einer Pfanne lässt man die Butter zergehen, bis sie hellbraun ist, gibt die Zucchettiwürfel dazu und brät sie auf ziemlich starkem Feuer goldbraun. Das dauert fünf bis zehn Minuten. Dann dreht man das Feuer etwas zurück, bestreut die Zucchetti mit Salz und dem Gemisch aus feingehacktem Knoblauch und Petersilie, dämpft noch etwa drei Minuten weiter und richtet das Gemüse an.

Dieses Rezept verdanke ich dem Koch eines kleinen italienischen Restaurants. Es passt zu vielen Fleischsorten. Mir schmeckt es am besten zu geschnetzelter Schweinsleber.

ZUCCHETTIGRATIN

Als ich im Misox zum ersten Mal eigene Zucchetti pflanzte, rief mein Nachbar Riccardo eines Tages über die Hecke: «Lass deine Zucchetti nicht zu groß werden wie deine Landsleute aus der deutschen Schweiz. Klein schmecken sie besser.» Ich habe mir seinen Rat zu Herzen genommen und gleich noch zwei Pflänzchen beim Gärtner geholt, ihnen reichlich Kompost gegeben und im August viele kleine feste Zucchetti geerntet, die so gut schmecken wie diejenigen, die in Italien auf Märkten und in Gemüseläden verkauft werden. Seither weiß ich, dass die Qualität der Zucchetti fast ausschließlich von ihrer Größe, das heißt von ihrer Kleinheit abhängt. Schon mittelgroße Zucchetti taugen nichts: sie sind wässrig und haben grobes Fleisch, das beim Kochen zerfällt und unangenehm faserig wird.

Den Zucchettigratin habe ich zum ersten Mal bei Dina gegessen. Sie hat ihn goldbraun überkrustet als Vorspeise serviert und uns erzählt, dass sie das Rezept von einer französischen Schwägerin hat. Für mich ist er seither zu einem Lieblingsgericht geworden, das nicht nur einfach und billig ist, sondern auch vorzüglich schmeckt und nicht misslingen kann. Ich koche ihn meistens als Hauptgericht, weil seine Zutaten – Eier, Rahm, Schinken und Käse – eine vollständige Mahlzeit ausmachen. Ein grüner Salat und ein Glas Wein sind eine angenehme Ergänzung.

Für vier Personen braucht man
1 ½ kg Zucchetti
2 ½ dl Rahm
3 Eier
200 g gekochten Schinken (1 Tranche)
100 g geriebenen Parmesan
Muskatnuss
Salz, Pfeffer

Man schneidet die Zucchetti in Scheiben und kocht sie in gesalzenem Wasser ungefähr eine Viertelstunde, bis sie gut weich sind. Dann gießt man das Wasser ab und zerdrückt die Zucchetti mit einer Gabel zu einem lockeren Püree. Man verquirlt die Eier, vermischt sie mit dem feingewürfelten Schinken, dem Rahm und dem geriebenen Käse und würzt mit Salz, Pfeffer und Muskatnuss. Dann gibt man die Masse in eine ausgebutterte Gratinform und schiebt sie in den auf zweihundertzwanzig bis zweihundertfünfzig Grad vorgeheizten Backofen und lässt gratinieren, bis die Oberfläche goldbraun ist, was rund zwanzig Minuten dauert.

Man kann diesen Gratin auch mit andern Gemüsen zubereiten: zum Beispiel mit Broccoli, Fenchel oder Karotten.

ZWIEBELGEMÜSE

Ich habe eine große Vorliebe für Zwiebeln: für die schlichten braunen, für die schneeweißen, für die milden violetten und für die zarten kleinen Frühlingszwiebeln. In ihrer vielseitigen Verwendbarkeit und ihrem billigen Preis sind sie den Kartoffeln ähnlich, doch ist ihr Geschmack unendlich viel reicher und ihre Form viel schöner. Wenn man die Zwiebel rühmt, so kann man nicht anders als Pablo Neruda zitieren, der in seiner «Ode an die Zwiebel» alles Wesentliche gesagt hat. Darin heißt es: «Verschwenderisch / lässt du / deinen Globus der Frische zergehn / im verzehrenden Sud / des Topfes / und der kristallene Saum / in des Öls entfachter Hitze / verwandelt sich in eine gekräuselte Feder von Gold. // Auch gedenke ich, wie dein Zutun / die Freundschaft des Salates fruchtbar macht,/und es will scheinen, der Himmel hilft mit,/da er dir des Hagelkornes zierliche Gestalt verlieh,/deine feingehackte Helle zu rühmen/auf den Hemisphären einer Tomate./Aber erreichbar/den Händen des Volkes/und beträufelt mit Öl,/bestreut/mit ein wenig Salz,/tötest du den Hunger des Taglöhners auf mühsamem Wege.//Stern der Armen,/gütige Fee,/eingehüllt/in zartes/Papier, kommst du aus der Erde,/ewig, vollkommen, rein/wie der Gestirne Samenkorn/und wenn in der Küche/das Messer dich zerschneidet,/quillt die einzige/leidlose Träne./Du machst uns weinen, ohne uns zu betrüben.»

Während die rohe Zwiebel in Spanien, Portugal und Lateinamerika zum täglichen Brot der armen Leute gehört, ist in Norditalien, vor allem in der Gegend von Bergamo, gedämpftes Zwiebelgemüse mit Polenta das Alltagsgericht der Bauern, so wie bei uns an manchen Orten die Rösti. Dieses Zwiebelgemüse ist nicht nur schmackhaft und billig, sondern muss auch sehr gesund sein; denn die Bergamasker sind in ganz Italien für ihre Größe und Stärke berühmt.

Für vier Personen braucht man
1 ¹/₂ Pfund Zwiebeln

2 Esslöffel Öl
1 Lorbeerblatt
Pfeffer und Salz
1 Dose geschälte Tomaten oder 1–2 Esslöffel Tomatenpüree
1–2 dl Fleischbrühe

Man schneidet die Zwiebeln in grobe Ringe, die man in Öl andämpft, bis sie hellgelb sind, dann gibt man Salz, Pfeffer, das Lorbeerblatt, die geschälten Tomaten oder das Tomatenpüree dazu, dämpft weiter, löscht mit der Fleischbrühe ab, deckt die Pfanne zu und lässt das Gemüse auf ganz kleiner Flamme dreißig bis vierzig Minuten leise kochen.

DIE AUTORIN

Alice Vollenweider, geboren in Zürich. Studium der Romanistik in Zürich, Paris und Neapel. Übersetzte Natalia Ginzburg, Luigi Malerba, Eugenio Montale und Giacomo Leopardi. Literaturkritische Aufsätze zur zeitgenössischen italienischen Literatur. Verschiedene Publikationen zur Kochkunst: «Italiens Provinzen und ihre Küche», 1990; «Kulinaritäten. Ein Briefwechsel über die Kunst und die Kultur der Küche», 1991, gemeinsam mit Hugo Loetscher; «Die Küche der Toskana», 2000.

Im Limmat Verlag erschien 2005 «Frischer Fisch und wildes Grün. Essen im Tessin. Erkundungen und Rezepte» mit Geschichten zu Käse, Wein und Kastanien und Köstlichkeiten zum Nachkochen.

DIE ILLUSTRATORIN

Anna Sommer, geboren 1968, in Aarau aufgewachsen, lebt und arbeitet in Zürich. Gehört zu den international bekannten Schweizer Comic-Autorinnen. Arbeitet vorwiegend mit der Papiercollagetechnik. Als Illustratorin arbeitet sie u.a. für «Die Zeit», «Die Wochenzeitung», «Annabelle», «Vibrations» und «Libération». Publikationen: «Damen Dramen», 1996; «Honigmond», 1998; «Amourettes», 2002; «Baies des bois», 2002; «Eugen und der freche Wicht», 2003.

Für den Limmat Verlag hat Anna Sommer zu folgenden Büchern Illustrationen für Inhalt oder Umschlag beigetragen: «fadegrad. 13 denkwürdige Geschichen von Frauen aus Zürich», 2001; Stefan Ineichen, «Himmel und Erde. 101 Sagengeschichten aus der Schweiz und von ennet der Grenzen», 2003.